शिखर 20

शिखर 20

साहित्य के नये शिखर

अनबाउंड स्क्रिप्ट

शिखर 20

साहित्य के नये शिखर

ISBN : 978-93-92088-72-8
प्रथम संस्करण : 2024

प्रकाशक : अनबाउंड स्क्रिप्ट
बी-10, सेवेन वंडर्स बिजनेस सेंटर, प्लॉट नं. जी-20
बेसमेंट, प्रीत विहार, नई दिल्ली-110092

वेबसाइट : www.unboundscript.com
ई-मेल : books@unboundscript.com

मुद्रक : यश प्रिंटोग्राफिक्स, नोएडा, उत्तर प्रदेश
मूल्य : ₹ 199/-

Shikhar 20 : Sahitya Ke Naye Shikhar
Edited by Ashish Mishra

ख़यालों को पंख लगाने वाले साहित्यकारों के नाम।

भूमिका

जैसे विज्ञान और तकनीक में नवीन खोजें जीवन को प्रभावित करती हैं, उसी तरह साहित्य में नवीन प्रयोगों से मनुष्य के सोचने, समझने और महसूस करने के तरीके बदल जाते हैं। पिछली सदी में वैश्विक स्तर पर जिन साहित्यकारों ने उल्लेखनीय प्रभाव छोड़ा, आज उन्हें आसानी से चिह्नित किया जा सकता है। लेकिन हम हिंदुस्तान के नये साहित्यकारों पर बात करना चाहते हैं।

नये साहित्यकारों का मतलब यहाँ उन साहित्यकारों से है जिन्होंने स्वतंत्रता के बाद हिन्दुस्तानी जन-मानस को प्रभावित किया। लोकतंत्र के भीतर नागरिक प्रश्नों को प्रतिष्ठित करने की नवीन भाषा खोजी और न्याय को पुनर्परिभाषित किया। इनमें से अनेक साहित्यकारों ने ग्लोबलाइजेशन और बाज़ारवाद से विचारों में आये बड़े बदलावों को सबसे पहले पकड़ा, जिनसे हम आज भी प्रभावित हैं। इस तरह वे पिछली सदी में होकर भी हमारे समकालीन ठहरते हैं।

इस किताब में साहित्यकारों के चुनाव के पीछे यह समझ रही है कि स्वतंत्रता के बाद हिन्दुस्तानी समाज में आये बड़े बदलावों और उनकी सक्षम अभिव्यक्ति का प्रतिनिधित्व हो सके। इस किताब में प्रत्येक भारतीय भाषा के साहित्यकारों का प्रतिनिधित्व हो सकता तो ज्यादा संतोषप्रद होता, लेकिन प्रतिनिधि भाषाओं के

साहित्यकार शामिल हैं - यह भी कम आश्वस्तिकर नहीं है। कुछ भाषाओं के एक से ज्यादा साहित्यकारों को शामिल किया गया है। ऐसा उनके राष्ट्रीय महत्त्व और लोकप्रियता के चलते हुआ है।

यह ध्यान रखा गया है कि साहित्यकारों के जीवन, उनकी रचनात्मक प्रेरणाओं, प्रभावों और रचनाशीलता का एक मुकम्मल दृश्य उपस्थित हो सके - कुछ इस तरह कि एक छोटे से आलेख में पाठक उस साहित्यकार के रचनात्मक अवदान को सरलता से समझ सके। हर अध्याय के अंत में एक टिप्पणी जोड़ी गयी है ताकि पढ़ी हुई बातों की सार्थक पुनरावृत्ति हो सके। आशा है 'शिखर-20' सिरीज़ की अन्य किताबों की तरह यह हिन्दुस्तानी साहित्य के नये शिखरों का मुकम्मल दृश्य बनेगी। अस्तु!

अनुक्रम

शिखर 20

साहित्य के नये शिखर

1

अमृता प्रीतम

इसी दुनिया की एक आज़ाद रूह

पंजाबी

लेखन और जीवन में साम्य की बातें बहुत होती हैं लेकिन ऐसे साहित्यकार कम मिलेंगे जिनके लेखन और जीवन में अलगाव न हो। परन्तु अमृता प्रीतम के जीवन और लेखन में भेद नहीं था। उन्होंने जैसा लिखा, वैसा ही जिया। स्त्री आज़ादी और प्रेम उनके जीवन और साहित्य दोनों का मूल स्वर है। उनकी लोकप्रियता भाषाई बंधन से परे थी। देश की तमाम गैर-पंजाबी आज़ाद ख्याल लड़कियाँ उनके तौर-तरीके कॉपी करती थीं और उनकी आत्मकथा 'रसीदी टिकट' सिरहाने रखकर सोती थीं।

अमृता प्रीतम का जन्म 1919 में आज के पाकिस्तान के पंजाब प्रान्त के गुजरांवाला शहर में हुआ। बचपन लाहौर में बीता और शिक्षा भी वहीं हुई। इनके माता-पिता एक स्कूल में पढ़ाते थे। अमृता प्रीतम का बचपन रूढ़िवादी सोच वाली नानी के घर बीता। बचपन में अमृता ने देखा कि उनकी नानी की रसोई में कुछ बर्तन और तीन गिलास अन्य बर्तनों से अलग रखे रहते थे। अमृता के पिता के मुसलमान दोस्तों के आने पर ही उन्हें उपयोग में लाया जाता था। अमृता उन्हीं गिलासों में पानी पीने की जिद करने लगीं और अंततः कई दिन की डाँट-फटकार और सत्याग्रह के बाद उन अलग किये गये बर्तनों को बाकी बर्तनों में मिलाकर दम लिया। मानवीय प्रेम और बराबरी का यह बोध उनके आगे के जीवन में भी बना रहा।

अमृता प्रीतम जब ग्यारह वर्ष की थीं तभी उनकी माँ की मृत्यु हो गयी। महज 16 साल की उम्र में अमृता का विवाह प्रीतम सिंह से कर दिया गया। अद्भुत प्रतिभा की धनी अमृता प्रीतम उन महान साहित्यकारों में से एक थीं जिनका महज 16 साल की उम्र में ही पहला संकलन प्रकाशित हो गया था। सन् 1947 में देश के बँटवारे के बाद लाहौर छोड़कर अमृता प्रीतम का परिवार दिल्ली में बस गया। आजीविका के लिये 1961 तक इन्होंने ऑल इंडिया रेडियो में काम किया। अपने वैवाहिक जीवन से आजिज़ आकर अमृता प्रीतम ने सन् 1960 में पति प्रीतम सिंह से तलाक ले लिया। पति प्रीतम सिंह से तलाक के बाद अमृता प्रीतम उर्दू शायर, फिल्म गीतकार साहिर लुधियानवी के बेपनाह प्यार में डूबी रहने लगीं। लेकिन फिर जब साहिर लुधियानवी की जिंदगी में गायिका सुधा मल्होत्रा आ गईं, उस दौरान अमृता प्रीतम की मुलाकात चित्रकार और लेखक इमरोज से हुई जिनके साथ उन्होंने अपना बाकी जीवन व्यतीत किया। अमृता प्रीतम जनवरी 2002 में अपने ही घर में गिर पड़ीं और फिर कभी बिस्तर से उठ नहीं पाईं। 31 अक्टूबर, 2005 को नई दिल्ली में उनका निधन हो गया।

साल 1956 में अमृता प्रीतम को साहित्य अकादमी पुरस्कार से सम्मानित किया गया। साहित्य अकादमी पुरस्कार पाने वाली वह देश की पहली महिला साहित्यकार थीं। वह पहली पंजाबी महिला थीं जिन्हे 1969 में पद्मश्री पुरस्कार से सम्मानित किया गया। 1982 में ज्ञानपीठ पुरस्कार से नवाजा गया। 1988 में उन्हें अन्तरराष्ट्रीय स्तर पर बल्गारिया वैरोव पुरस्कार दिया गया।

अमृता प्रीतम ने 50 से अधिक किताबें लिखीं। उन्होंने कविता, कहानी, उपन्यास जैसी साहित्य की अनेक विधाओं में कलम चलाई। वह पंजाबी की ही नहीं, बल्कि किसी भी भाषा की लोकप्रिय साहित्यकारों में से एक हैं। उनकी तमाम कविताओं और उपन्यासों का न सिर्फ़ देश विदेश की तमाम भाषाओं में अनुवाद हुआ अपितु उन पर फिल्में और धारावाहिक भी बने।

अमृता प्रीतम के लिखे उपन्यासों में 'पाँच बरस लंबी सड़क', 'पिंजर', 'अदालत', 'कोरे कागज़', 'उनचास दिन', 'सागर और सीपियाँ', 'नागमणि', 'रंग का पत्ता', 'दिल्ली की गलियाँ', 'तेरहवाँ सूरज', 'जिलावतन' प्रमुख हैं। अमृता प्रीतम ने 'रसीदी

टिकट' नाम से अपनी आत्मकथा लिखी। 'कच्चा आँगन', 'एक थी सारा' नाम से उनके संस्मरण हैं। जबकि उनके लिखे कहानी संग्रहों में 'कहानियाँ जो कहानियाँ नहीं हैं', 'कहानियों के आँगन में' प्रमुख हैं। उनके कविता संग्रहों में 'अमृत लहरें', 'जिन्दा जियां', 'ट्रेल धोते फूल', 'ओ गीता वालियां', 'बदलम दी लाली', 'लोक पिगर', 'पगथर गीत', 'पंजाबी दी आवाज', 'सुनहरे', 'अशोका चेती', 'कस्तूरी', 'नागमणि', 'इक सी अनीता', 'चक नाबर छ्त्ती', 'उनीझा दिन', 'कागज़ ते कैनवास'।

देश के बँटवारे के दौरान अमृता प्रीतम गर्भवती थीं और उन्हें सब छोड़कर 1947 में लाहौर से भारत आना पड़ा। उस समय सरहद पर हर ओर बर्बादी का मंज़र था। तब लाहौर से देहरादून जाते हुए उन्होंने काग़ज़ के टुकड़े पर एक कविता लिखी। उन्होंने उन तमाम औरतों का दर्द बयान किया था जो बँटवारे की हिंसा में मारी गईं, जिनका बलात्कार हुआ, जिनके बच्चे उनकी आँखों के सामने क़त्ल कर दिए गए या जिन्होंने बचने के लिए कुँओं में कूदकर जान देना बेहतर समझा। बरसों बाद भी पाकिस्तान में वारिस शाह की दरगाह में उर्स पर अमृता प्रीतम की ये कविता गाई जाती रही।

"अज्ज आखां वारिस शाह नूं कित्थों क़बरां विच्चों बोल

ते अज्ज किताब-ए-इश्क़ दा कोई अगला वरक़ा फोल

इक रोई सी धी पंजाब दी, तू लिख-लिख मारे वैण

अज्ज लक्खां धीयां रोंदियां तैनू वारिस शाह नू कहिण।"

इस कविता में अमृता प्रीतम कहती हैं, "जब पंजाब में एक बेटी रोई थी तो वारिस शाह तूने उसकी दास्तान लिखी थी, हीर की दास्तान। आज तो लाखों बेटियाँ रो रही हैं, आज तुम कब्र में से बोलो ..उठो अपना पंजाब देखो जहाँ लाशें बिछी हुई हैं, चनाब दरिया में अब पानी नहीं ख़ून बहता है। हीर को ज़हर देने वाला तो एक चाचा क़ैदों था, अब तो सब चाचा क़ैदों हो गए।" साल 1959 में पाकिस्तान में 'करतार सिंह' नाम से एक फिल्म बनी जिसमें ज़ुबैदा ख़ानम और इनायत हुसैन भट्टी ने एक गीत गाया - अज्ज आखां वारिस शाह नूँ कितों कबरां विच्चों बोल- वारिस शाह आज तुझसे मुख़ातिब हूँ, उठो कब्र में से बोलो।

अपनी मरणासन्न माँ के पास बैठी अबोध अमृता ने बड़े बुजुर्गों से सुन रखा था कि बच्चे भगवान् का रूप होते हैं और भगवान् बच्चों की बात कभी नहीं टालते। अमृता भी अपनी मरती हुई माँ की खाट के पास खड़ी होकर ईश्वर से माँ की सलामती की दुआ माँगकर यह विश्वास कर बैठीं कि अब उनकी माँ की मृत्यु नहीं होगी क्योंकि ईश्वर कभी बच्चों का कहा नहीं टालता... पर माँ की मृत्यु हो गयी, और अमृता का ईश्वर से विश्वास हट गया। इस विश्वास के टूटने को उन्होंने अपने उपन्यास 'एक सवाल' में कथानायक जगदीप के माध्यम से हूबहू व्यक्त किया। जब जगदीप अपनी मरती हुई माँ की खाट के पास खड़े होकर ईश्वर से कहता है— 'मेरी माँ को मत मारो।' नायक को भी ठीक उसी तरह यह विश्वास हो गया कि अब उसकी माँ की मृत्यु नहीं होगी क्योंकि ईश्वर बच्चों का कहा नहीं टालता..... पर माँ की मृत्यु हो गयी और अमृता की तरह कथानायक जगदीप का भी ईश्वर के ऊपर से विश्वास हट गया।

साहिर लुधियानवी के साथ अपने प्रेम को उन्होंने बेबाकी से अपनी आत्मकथा रसीदी टिकट में इस प्रकार व्यक्त किया है- "वो चुपचाप मेरे कमरे में सिगरेट पिया करता। आधी पीने के बाद सिगरेट बुझा देता और नई सिगरेट सुलगा लेता। जब वो जाता तो कमरे में उसकी पी हुई सिगरेटों की महक बची रहती। मैं उन सिगरेट के बटों को संभाल कर रखती और अकेले में उन बटों को दोबारा सुलगाती। जब मैं उन्हें अपनी उंगलियों में पकड़ती तो मुझे लगता कि मैं साहिर के हाथों को छू रही हूँ। इस तरह मुझे सिगरेट पीने की लत लगी।" जीवन के उत्तरार्ध में चित्रकार इमरोज़ के साथ अपने 'लिव इन' संबंधों पर अमृता प्रीतम ने अपनी आत्मकथा में यूँ लिखा है-"कभी हैरान हो जाती हूँ– इमरोज़ ने मुझे कैसे अपनाया है, उस दर्द के समेत जो उसकी अपनी खुशी का मुखालिफ हैं- एक बार मैंने हँसकर कहा था, ईमू ! अगर मुझे साहिर मिल जाता, तो फिर तू न मिलता- और वह मुझे, मुझसे भी आगे, अपनाकर कहने लगा - मैं तो तुझे मिलता ही मिलता, भले ही तुझे साहिर के घर नमाज़ पढ़ते हुए ढूँढ लेता! सोचती हूँ- क्या खुदा इस जैसे इंसान से कहीं अलग होता है?"

अपनी आत्मकथा 'रसीदी टिकट' की भूमिका में अमृता प्रीतम लिखती हैं – 'मेरी सारी रचनाएँ, क्या कविता, क्या कहानी, क्या उपन्यास, सब एक नाजायज बच्चे की तरह हैं। मेरी दुनिया की हकीकत ने मेरे मन के सपने से इश्क किया और उसके वर्जित मेल से ये रचनाएँ पैदा हुईं। एक नाजायज बच्चे की किस्मत इनकी किस्मत है और इन्होंने सारी उम्र साहित्यिक समाज के माथे के बल भुगते हैं।'

सूत्र : तमाम बंधनों से आज़ादी की कामना, उसे कहने का साहस और कौशल ही वह चीज़ है जो रचनात्मकता के तमाम दरवाज़े खोल सकती है।

क्या आप जानते हैं?

अमृता प्रीतम की इतनी मक़बूलियत का कारण क्या है?

अमृता प्रीतम की मक़बूलियत के कई कारण हैं। सबसे पहला कारण है प्रेम की विह्वल प्यास। यह वह प्रेम है जिसकी जड़ें इस फानी दुनिया में तो हैं ही लेकिन उससे भी गहरे पंजाब की मिट्टी में सूफ़ियों की मजबूत परम्परा में गड़ी हुई हैं। दूसरा कारण है तमाम रूढ़ियों और पाखंड को निरंतर लाँघने की कोशिश करती उनकी आज़ाद शख्सियत। तीसरा सबसे बड़ा कारण है उनकी भाषिक सहजता और अभिव्यक्ति की सादगी।

2

इंदिरा गोस्वामी

अपनी जड़ों का रचनात्मक उत्सव

असमी

असमिया लोगों के अनकहे कष्टों और दुःखों को अपने साहित्य के माध्यम से आवाज़ देने वाली असमी साहित्य की सशक्त हस्ताक्षर इंदिरा गोस्वामी असम में मामोनी रायसोम गोस्वामी या मामोनी बैदेओ के नाम से लोकप्रिय हैं। वह असमी भाषा की संपादक, कवयित्री, प्रोफेसर और लेखक हैं। उन्हें उनके 'दोंतल हातिर उने खोवडा होवडा', 'द मोथ ईटन होवडाह ऑफ ए टस्कर', 'पेजेज स्टेन्ड विद ब्लड और द मैन फ्रॉम छिन्नमस्ता' उपन्यासों के लिए जाना जाता है। इंदिरा गोस्वामी ने महज 27 साल की उम्र में आत्मकथा लिख दी थी । इसने उन्हें प्रसिद्धि के शीर्ष पर पहुँचा दिया। भूपेन हजारिका व इंदिरा गोस्वामी के व्यक्तित्व एवं उनकी रचनात्मकता ने पूरे देश को प्रभावित किया। वे भले ही असमिया थे, लेकिन दोनों देश के लिए अमूल्य संपत्ति थे। वे दोनों असम के राष्ट्रीय चेहरे थे। इनमें से एक ध्वनियों का प्रतिनिधित्व करता था तो दूसरा भाषा का। गोस्वामी ने असम के चरमपंथी संगठन उल्फा और भारत सरकार के बीच मध्यस्थ की राजनैतिक पहल करने में अहम भूमिका निभाई।

इंदिरा गोस्वामी का जन्म 14 नवंबर, 1942 को गुवाहाटी में हुआ था। उनके पिता का नाम उमाकांत गोस्वामी और माता का नाम अंबिका देवी था। उनकी प्रारंभिक शिक्षा शिलांग में हुई। लेकिन बाद में वह गुवाहाटी आ गईं और उन्होंने इंटरमीडिएट हांडिक गर्ल्स कॉलेज, गुवाहाटी से उत्तीर्ण की। इसके बाद वर्ष 1960

में स्नातक की उपाधि हासिल की। उन्होंने असमिया में अपनी परास्नातक की पढ़ाई गुवाहाटी विश्वविद्यालय से वर्ष 1963 में पूरी की। वर्ष 1962 में जब वह छात्र थीं तब ही उनका पहला कहानी संग्रह 'चिनकी मोरोम' प्रकाशित हुआ। तथा 1973 में 'माधव कांदले एवं गोस्वामी तुलसीदास की रामायण का तुलनात्मक अध्ययन' पर पीएच.डी. की। रामकथा पर उनका शोध बहुत सराहा गया था।

इंदिरा गोस्वामी का पहला विवाह 1965 में एक असमिया समुद्री इंजीनियर माधवन रायसोम अयंगार से हुआ। विवाह के सिर्फ अठारह महीने बाद ही पति की मृत्यु हो गई। इसके बाद वह अपना सामान और गहने वहीं बाँट कर कश्मीर से असम लौट आईं और गोलपारा सैनिक स्कूल में पढ़ाने लगीं। वह अपने जीवन में अकेलापन महसूस करने लगीं तो इससे बचने के लिए लिखना शुरू कर दिया। इस बीच उन्होंने दो उपन्यास लिखे— 'ये अहिरोन और चेनबोर सरोटा'। इन दोनों रचनाओं में मध्य प्रदेश और कश्मीर में अपने पति के साथ बिताए अनुभवों का उपयोग किया। गोस्वामी असमिया में लेखन करती थीं। वह दिल्ली विश्वविद्यालय में असमिया भाषा विभाग में विभागाध्यक्ष भी रहीं। उनकी प्रतिष्ठा की चमक के कारण उन्हें सेवानिवृत्ति के बाद मानद प्रोफेसर का दर्जा प्रदान किया किया गया। 29 नवंबर, 2011 को 69 वर्ष की अवस्था में गुवाहाटी में उनका निधन हो गया।

उन्होंने उपन्यास, कहानी, आत्मकथा जैसी विधा में लेखन किया। उनके उपन्यासों में 'चेनबोर सरोटा', 'नीलकंठी ब्रज', 'अहिरन', 'छिन्नमस्ता', 'मामरे धारा तरोवाल', 'दाताल हातीर उवे खोवा हावदा', 'तेज अरु धूलि धूसरित पृष्ठ', 'ब्लड-स्टेंड पेजिज', 'दक्षिणी कामरूप की गाथा' प्रमुख हैं। उनके कहानी संग्रहों में 'चिनाकी मरम', 'कइना', 'हृदय एक नदीर नाम', 'प्रिय गल्पो' आदि रचनाएँ चर्चित हैं। इसके अलावा उन्होंने 'आधा लेखा दस्तावेज' नाम से आत्मकथा और 'रामायण फ्रॉम गंगा टू ब्रह्मपुत्र' शीर्षक से शोधग्रन्थ लिखा है।

इंदिरा गोस्वामी को वर्ष 1983 में उपन्यास 'मामारे धारा तारवल' के लिए साहित्य अकादमी पुरस्कार और वर्ष 2000 में ज्ञानपीठ पुरस्कार से सम्मानित किया गया। वर्ष 1988 में उनकी आत्मकथा 'आधा लिखा दस्तावेज़' प्रकाशित हुई। उन्हें असम साहित्य सभा पुरस्कार 1988 में, भारत निर्माण पुरस्कार 1989 में, उत्तर प्रदेश हिन्दी संस्थान का सौहार्द्र पुरस्कार 1992 में, कमलकुमारी फाउंडेशन पुरस्कार 1996 में, अन्तर्राष्ट्रीय तुलसी पुरस्कार फ्लोरिडा यू एस ए 1999 में दिया

गया। उन्हें साल 2000 में ज्ञानपीठ पुरस्कार और डच सरकार द्वारा वर्ष 2008 में 'प्रिंसिपल प्रिंस क्लॉस लॉरिएट' पुरस्कार से सम्मानित किया गया। रामायण साहित्य में विशेषज्ञता के लिए साल 1999 में मियामी के फ्लोरिडा विश्वविद्यालय से अंतरराष्टीय तुलसी पुरस्कार दिया गया। गोस्वामी की किताबों का कई भारतीय व अंग्रेजी भाषाओं में अनुवाद हुआ है।

उनका पहला उपन्यास 'चेनबोर सरोटा' था। बाद में उनके द्वारा लिखे उपन्यास काफी चर्चित हुए जिनमें 'नीलकंठ ब्रज', 'अहिरन', 'मामरे धारा तरोवाल', 'संस्कार', 'ईश्वर जख्मी जात्री', 'जेज आरू धूलि धूसरित पृष्ठ', 'दासरथीर खोज' और 'छिन्नमस्ता' आदि प्रमुख थे। गोस्वामी के उपन्यास 'दाताल हाथीर उने खोवा हावदा' को क्लासिक का दर्जा हासिल हुआ।

एक अभिजात परिवार में जन्म लेने और पलने-बढ़ने के बावजूद उनकी नजर हमेशा समाज के उपेक्षित और अपमानित लोगों पर रही। शायद उन्हें अपने दुख, पीड़ित लोगों के जीवन में ही दिखते थे। उनके साहित्य में महलों में जीवन जीने वाले लोगों की नहीं, उनके आसपास झुग्गियों में जीने वाले लोगों कहानियाँ दिखती हैं। उन लोगों का सुख, दुख, हँसना, रोना ही उनकी कलम की शक्ति और सृष्टि का आधार बना। उन्होंने असमिया लोगों के अनकहे कष्टों और दुखों को अपने साहित्य के जरिए वाणी दी। उनकी कृतियाँ कथावस्तु की विविधता और विशिष्ट अभिव्यक्ति कौशल के लिए जानी जाती हैं। वे अपनी कहानियों में पाठकों को भावुकता की बजाय संवेदनशीलता से बाँध लेती हैं। उनकी कृतियों के विस्तृत फलक में मनुष्य जीवन अपने वैविध्य और विलक्षणता के साथ मौजूद है। उनकी कहानियों में यथार्थ, सूक्ष्म अंतर्दृष्टि और गहरी काव्यात्मक संवेदना का संगम है।

यही तथ्य गोस्वामी के उपन्यासों के लिए भी सही है। उनका पहला उपन्यास था चेनबोर सरोटा। परवर्ती काल में उनके जो उपन्यास अपने उत्कृष्ट स्तर और मर्मस्पर्शी शैली के कारण बहुचर्चित हुए वे हैं 'नीलकंठ ब्रज', 'अहिरन', 'मामरे धारा तरोवाल', 'संस्कार', 'ईश्वर जख्मी जात्री', 'जेज आरू धूलि धूसरित पृष्ठ', 'दासरथीर खोज' और 'छिन्नमस्ता। उनके उपन्यास 'दाताल हाथीर उने खोवा हावदा' को क्लासिक का दर्जा हासिल हुआ।

उनकी व्यक्तिगत ईमानदारी का परिचय उनके आत्मकथात्मक उपन्यास 'द अनफिनिशड आटोबायोग्राफी' में मिलता है। इसमें उन्होंने अपनी जिन्दगी के तमाम संघर्षों पर रोशनी डाली है। यहाँ तक कि इस किताब में उन्होंने ऐसी घटना का भी जिक्र किया है कि दबाव में आकर उन्होंने आत्महत्या करने जैसा कदम उठाने का प्रयास किया था। उनका निजी जीवन घटनाओं-दुर्घटनाओं से भरा हुआ था। ग्यारह साल की उम्र में ही वे अवसाद का शिकार हो गई थीं। परिवार में या आसपास होने वाली कोई भी दुर्घटना उनके अवसाद को बढ़ा देती थी। किसी की मृत्यु देख कर वह घबरा उठती थीं। हर बार अवसाद का सामना करने के लिए वे कलम उठा लेती थीं। उन्होंने कहा भी था- मेरे शरीर में ख़ून के रूप में स्याही बहती है, इसीलिए मैं जिंदा हूं।

मामोनी बाइडेव ने भले ही असमिया साहित्य को अपनी लेखनी से समृद्ध किया है, लेकिन उन्होंने उतना ही समृद्ध भारतीय भाषाओं को भी किया है। वह असमिया में लिखती थीं, लेकिन उनके लेखन का दायरा राष्ट्रीय होता था। गोस्वामी को उनके मौलिक लेखन के लिए जाना जाता है। उन्होंने सामाजिक कुरीतियों पर काफी लिखा था। उन्होंने भारत में महिला सशक्तीकरण पर जोर दिया था। -उन्होंने वृंदावन में अभिशप्त विधवाओं पर उपन्यास लिखा तो वाराणसी के घाटों का भी चित्रण किया। साहित्य अकादेमी पुरस्कार से सम्मानित असमिया उपन्यास मामरे धरा तरोवाल यानी जंग लगी तलवार में इन्दिरा गोस्वामी ने श्रमिकों की मजबूरी और बदहाली की गाथा प्रस्तुत की है।

सूत्र : इंदिरा गोस्वामी के लेखन से लेखकों को भी एक सीख मिलती है। कोई बड़ा लेखक दुनिया भर के लेखकों को पढ़कर और तरीक़े सीखकर महान रचनाएँ नहीं करता। बल्कि इसके लिए वह अपने समाज की जड़ों में उतरता है, अपनी भाषा की नसों में उतरता है और अपनी आत्मा को उस समाज की हर आत्मा से जोड़ लेता है। सामान्य भाषा में यह कोई तरकीब नहीं, पूरा व्यक्तित्व है।

3

इस्मत चुग़ताई

मुक्ति के लिए पाखंड से दो-दो हाथ

उर्दू

समूचे भारतीय उपमहाद्वीप में इस्मत चुग़ताई का नाम किसी तआरुफ़ का मोहताज़ नहीं। वह हिंदुस्तान में जितनी मशहूर हैं, उतनी ही पाकिस्तान और बांग्लादेश में भी। उनके चाहने वाले यहाँ भी हैं और वहाँ भी। आज भी उर्दू और हिंदी दोनों ज़ुबानों में उनके पाए की कोई दूसरी महिला कथाकार नहीं है। इस्मत चुग़ताई ने उस दौर में स्त्री-पुरुष समानता और इन दोनों के बीच ग़ैर बराबरी पर बात की, जब इस पर सोचना और लिखना भी मुश्किल था। अपने ही घर में मान, मर्यादा, मज़हब के नाम पर ग़ुलाम बनाई हुई औरतों की आज़ादी पर उन्होंने सख्ती से कलम चलाई। इस्मत चुग़ताई का व्यक्तित्व साहित्य से आगे बढ़कर सीधे समाज को प्रभावित करता था। उर्दू के आधुनिक अफ़सानागोई के चार आधार स्तंभों में मंटो, कृशन चंदर, राजिंदर सिंह बेदी और चौथा नाम इस्मत चुगताई का आता है।

उर्दू में प्रगतिशील साहित्य को परिभाषित करने में अगर रशीद जहाँ ने 'अंगारे' में एक बीज जैसी शुरुआत की थी तो चुगताई उसी बीज से निकला वह विशालकाय वटवृक्ष थीं जिसने साहित्य के माध्यम से सामाजिक परिवर्तन की संभावनाओं को एक स्पष्ट और सशक्त आकार दिया। चुग़ताई ने एक ऐसे समय में, जब स्त्रियों द्वारा कलम उठाना ही बड़ी बात थी, साहित्य की उस वैकल्पिक धारा का सोता खोल कर रख दिया। इस वैकल्पिक धारा ने परंपराओं से प्रश्न करना और रूढ़ियों को तार-तार

करना साहित्य का एक ज़रूरी कार्यभार बना दिया। उनके व्यक्तित्व की तेजस्विता अपने दौर की महिलाओं के औसत व्यक्तित्व की तुलना में एक दुर्लभ घटना थी। इस्मत चुग़ताई के लेखन में धर्मनिरपेक्षता और आधुनिकता का हमेशा ज़ोर रहा। उन्होंने निरंतर अंधविश्वास, धार्मिक कट्टरता, सांप्रदायिकता, सामंती प्रवृतियों, वर्गभेद और जातिभेद का विरोध किया।

उनका जन्म 21 अगस्त 1915 को उत्तर प्रदेश के बदायूँ में हुआ। वह अपने दस भाई बहनों में नवें नंबर पर थीं। उनके पिता सरकारी मुलाजिम थे। अलीगढ़ यूनिवर्सिटी से बीए, बीएड करने वाली देश की पहली मुस्लिम महिला थीं। 1936 में जब वह स्नातक में थीं तब प्रगतिवादी लेखक संघ के लखनऊ अधिवेशन में शामिल हुईं और उसके बाद से इस आंदोलन से काफी सक्रियता से जुड़ गईं। इस्मत चुग़ताई ने फिल्म डायरेक्टर शाहिद लतीफ़ से ब्याह किया। शौहर शाहिद ने एक दफ़ा कहा कि अब ज़िन्दगी सेटल हो गयी है तो न लिखो। इस पर इस्मत ने कहा मैं क्यों ना लिखूँ ? लोग मुझे पढ़ते हैं। पसंद करते हैं। बल्कि तुम डायरेक्शन छोड़ दो। बेचारे ने उनसे बहस ही छोड़ दी।

इस्मत फिल्मों से भी जुड़ी रहीं। और लगभग 13 फिल्मों में काम किया। उनके उपन्यास 'ज़िद्दी' पर फिल्म बनी। 'जुनून' में एक रोल किया। उनकी आखिरी फिल्म 'गर्म हवा' को फिल्मफेयर भी मिला। उर्दू साहित्य की दुनिया में 'इस्मत आपा' के नाम से विख्यात इस्मत चुग़ताई का निधन 24 अक्टूबर 1991 को हुआ। उनकी वसीयत के अनुसार उन्हें मुंबई के चन्दनबाड़ी में दफ़नाने की बजाय अग्नि को समर्पित किया गया।

उनके प्रमुख कहानी संग्रहों में— 'चोटें', 'छुईमुई', 'एक बात', 'कलियाँ', 'एक रात', 'दो हाथ दोज़खी', 'शैतान', 'जड़ें शामिल' हैं। उनके प्रमुख उपन्यासों में 'टेढी लकीर', 'जिद्दी', 'एक कतरा ए खून', 'दिल की दुनिया', 'मासूमा', 'बहरूप नगर', 'सैदाई', 'जंगली कबूतर', 'अजीब आदमी', 'बांदी', 'लिहाफ़' आदि का नाम लिया जाता है। उन्हें पद्मश्री पुरस्कार, साहित्य अकादमी पुरस्कार, 'इक़बाल सम्मान', मखदूम पुरस्कार, नेहरू पुरस्कार से सम्मानित किया गया।

इस्मत का कैनवास काफी व्यापक था, जिसमें अनुभव के विविध रंग उकेरे गए हैं। 'टेढ़ी लकीर ' उपन्यास में उन्होंने अपने ही जीवन को मुख्य प्लाट बनाकर एक स्त्री के जीवन में आने वाली समस्याओं को स्त्री के नजरिए से समाज को पेश किया है। वह अपनी 'लिहाफ़' कहानी के कारण खासी मशहूर हुईं। 1941 में लिखी गई इस कहानी में उन्होंने महिलाओं के बीच समलैंगिकता के मुद्दे को उठाया था। उस दौर में किसी महिला के लिए यह कहानी लिखना एक दुःस्साहस का काम था। खुद उनके प्रगतिशील आंदोलन के साथियों ने उनके साहित्य की कथा वस्तु पर प्रश्न-चिह्न लगाए थे। इस कहानी के चलते उन्हें कई आलोचनाओं, यहाँ तक... कि अश्लीलता के आरोप में अदालती मुक़दमे का भी सामना करना पड़ा। लेकिन वह अपने रास्ते से डिगने वाली महिला नहीं थीं।

उन्होंने आज से करीब 70 साल पहले पुरुष प्रधान समाज में स्त्रियों के मुद्दों को स्त्रियों के नजरिए से कहीं चुटीले तो कहीं संजीदा ढंग से पेश करने का जोखिम उठाया। उनकी कहानियों में करारा व्यंग्य मौजूद है। उनकी कहानियों में स्त्री पात्र अपने अस्तित्व से जुड़े मुद्दे उठाती हैं। साहित्य तथा समाज में चल रहे स्त्री विमर्श को उन्होंने आज से 70 साल पहले ही प्रमुखता दी थी। इससे पता चलता है कि उनकी सोच अपने समय से कितनी आगे थी। उन्होंने अपनी कहानियों में स्त्री चरित्रों को बेहद संजीदगी से उभारा और इसी कारण उनके पात्र जिंदगी के बेहद क़रीब नज़र आते हैं।

उन्होंने अपने मुस्लिम संदर्भों पर जिस कदर लेखनी चलाई है, वह किसी समाजशास्त्रीय अध्ययन से कम नहीं है। कल्पना के प्रयोग से लिखी उनकी कहानियों और उपन्यासों में यथार्थ का वह विचित्र रूप दिख जाता है जो उनकी बेहतरीन किस्सागोई का उदाहरण है। मुस्लिम मध्य वर्ग की स्त्रियों के जितने भी संभव चित्र हो सकते हैं, वह हू-ब-हू उनके रचना संसार का हिस्सा बन जाते हैं और इन चित्रों के माध्यम से उन्होंने इन साधारण-से लगने वाले चरित्रों के असाधारण अन्तः जगत का उद्घाटन किया है। मध्यवर्गीय संभ्रांत संवेदना के लिए उनकी रचनाओं की कथावस्तु और स्त्री पात्रों का व्यक्तित्व कुछ अधिक ही बोल्ड लगता है। इस्मत की रचनाधर्मिता अगर बोल्ड थीम को अपना आधार बनाकर चलती है तो वह सिर्फ़

इसीलिए कि वह समाज द्वारा निर्धारित 'पारंपरिक' नैतिकता को चुनौती दे सकें। इस संदर्भ में वह जिस प्रकार से अपनी बातें रखती हैं, वह उनकी लेखकीय प्रतिबद्धता और अपने विश्वासों के प्रति अडिग बने रहने का ही नमूना है। खुद इस्मत कहती हैं – "अपनी कहानियों में मैंने सब कुछ एक वस्तुनिष्ठता के साथ लिखा है। अब अगर कुछ लोग इन्हें आपत्तिजनक या गंदा मानते हैं, तो वो भाड़ में जाएँ। मेरा ये विश्वास है कि वैसे अनुभव कभी भी अश्लील नहीं हो सकते जो ज़िंदगी के प्रामाणिक यथार्थ पर आधारित होते हैं। ऐसे लोग सोचते हैं कि पर्दों के पीछे छुपे रहकर कुछ करने में कोई आपत्ति नहीं है... ये सभी लोग सिरफिरे और मूर्ख हैं।"

गंगा-जमुनी तहज़ीब से रचे-बसे पूरे संयुक्त प्रांत की संस्कृति उनकी भाषा में झाँकती है। बातचीत का एक ख़ास लहज़ा, जिसमें मुस्लिम घरों की संस्कृति और स्त्रियों की छवियाँ एक साथ बसी रहती हैं, जिसे 'बेग़माती ज़बान' भी कहा जाता है, वह इस्मत की भाषा की मौलिक विशिष्टता है। इस सहज-सरल भाषा के संदर्भ में इस्मत कहती हैं, "साहित्यिक जिसे कहते हैं, मैंने नहीं लिखा। मैंने हमेशा वही लिखा है, जैसे मैं बोलती हूं। साधारण बोलचाल की भाषा में, साहित्यिक भाषा में नहीं। और इसलिए व्याकरण की दृष्टि से भी अशुद्ध भाषा में लिखा करती थी क्योंकि बोलचाल की भाषा में व्याकरण का ध्यान नहीं रखा जाता। पर यह मेरी भाषा नहीं थी, जिसे लोगों ने नोट किया था, बल्कि मेरे लिखने का तरीका, जिस खुलेपन से मैं लिखती हूँ वह नोटिस किया गया था।"

अपनी आत्मकथा 'कागजी है पैरहन' में वे कई जगह लैंगिक असमानता और महिलाओं के शोषण पर खुलकर लिखती हैं- "निस्वानियत (स्त्रीत्व) मुझे ढोंग लगती थी। मस्लहत मुझे झूठ मालूम होती थी, सब्र, बुज़दिली और शकर-मक्कारी। मैंने हाथ घुमाकर कभी नाक नहीं पकड़ी। यहाँ तक कि बनना, सँवरना, सिंगार करना और भड़कीले कपड़े पहनना भी मुझे ऐसा लगता था जैसे मैं अपने दोष छिपाकर धोखा दे रही हूँ। एक लड़की अगर अपने वारिसों का हुक्म सिर्फ इसलिये मानती है कि आर्थिक तौर पर मजबूर है तो फर्मांबरदार नहीं, धोखेबाज ज़रूर हो सकती है। एक बीवी शौहर से सिर्फ़ इसलिये चिपकी रहती है कि रोटी-कपड़े का सहारा है तो वो तवायफ़ से कम मजबूर नहीं। ऐसी मजबूर औरत की

कोख से मजबूर- महकूम अधीन ज़हनियत इंसान ही जन्म ले सकेंगें। हमेशा दूसरे विकासशील क़ौमों के रहम- ओ-क़रम पर संतोष करेंगे। जब तक हमारे मुल्क़ की औरत मजबूर, लाचार, ज़ुल्म सहती रहेगी, हम इक़्तसादी और सियासी मैदान में एहसास ए कमतरी का शिकार बने रहेंगे।"

सूत्र : इस्मत चुग़ताई का लेखन इस बात की ताकीद करता है कि मनुष्यता के विराट स्वप्न और उस स्वप्न के लिए ज़हालतों से लड़ने के साहस के बिना कोई बड़ा और जनप्रिय लेखक नहीं हो सकता। अंततः लेखन लेखक के व्यक्तित्व से बाहर की कोई चीज़ नहीं बल्कि उसी व्यक्तित्व का विस्तार है।

क्या आप जानते हैं?

मंटो और इस्मत एक ही कोर्ट में खड़े थे

सआदत हसन मंटो और इस्मत चुग़ताई पर अश्लीलता का मुकदमा हो गया। मंटो पर उनकी कहानी 'बू' के लिए और इस्मत पर 'लिहाफ़' के लिए। दोनों केवल लेखक लाहौर की कचहरी में, कटघरे में खड़े किये गए। यह अपने आप में अद्भुत घटना है कि हिंदुस्तान के दो महान लेखक एक साथ, अलग-अलग रचनाओं पर एक ही आरोप में, एक कोर्ट में पेश किए गये।

4

उमाशंकर जोशी

गांधीवाद की कलात्मक उद्भावना

गुजराती

बीसवीं सदी की गुजराती कविता और साहित्य को नयी भंगिमा, नया स्वर और नया आयाम देने वाले उमाशंकर जोशी का साहित्यिक अवदान गुजराती साहित्य ही नहीं बल्कि पूरे भारतीय साहित्य के लिए महत्वपूर्ण है। उन्हें परंपरा का गहरा ज्ञान था और समय के साथ उन्होंने आधुनिकता की भी समझ विकसित की। उनकी कविता और साहित्य पर स्वतंत्रता संघर्ष के आदर्शवाद और गांधीवादी मूल्यों का भी प्रभाव पड़ा। उन्होंने गुजराती कविता को प्रकृति से जोड़ा, जनसामान्य की भाषा में आम ज़िन्दगी के अनुभवों की कविता लिखी।

उमाशंकर जोशी जी का जन्म 21 जुलाई, 1911 में साबरकांठा जिले के बामना गाँव में हुआ था। यह गाँव अब अरावली जिले में पड़ता है। उमाशंकर जी के पिता का नाम जेठालाल कमलजी और मां का नाम नवलबाई था। जोशी जी के पिता कई जागीरों के करभरी के रूप में काम करते थे। जोशी जी का बचपन जिस माहौल में बीता, उसने भाषा के प्रति उनकी संवेदनशीलता को बढ़ाया और प्रकृति के प्रति उनके आकर्षण को भी। बचपन से ही उन्होंने अरावली के पहाड़ों का भ्रमण किया और बामना और उसके आसपास के रंगीन मानसून मेलों का दौरा किया। गाँव के इस जीवन का उन पर यह प्रभाव पड़ा कि उनमें एक प्रकार की गीतात्मकता का विकास हुआ। उन्होंने सन् 1927 में मैट्रिक की पढ़ाई के लिए

अहमदाबाद के प्रोपराइटरी हाईस्कूल में दाखिला लिया। जोशी जी उच्च शिक्षा के लिए अहमदाबाद पहुँचे। इदर और बामना इदर राज्य की रियासत के अधीन आते थे जबकि अहमदाबाद ब्रिटिश भारत का हिस्सा था। यहाँ से जोशी जी के जीवन की दिशा निर्धारित हुई। सन् 1928 में उन्होंने गुजरात कॉलेज, अहमदाबाद में प्रवेश लिया। अहमदाबाद ने उनकी सामाजिक, राजनीतिक चेतना को विकसित करने में महत्वपूर्ण भूमिका निभाई। सन् 1929 में जोशी जी ने गुजरात कॉलेज के विद्यार्थियों द्वारा आयोजित की गई हड़ताल में हिस्सा लिया और यहाँ से उनका जुड़ाव भारतीय राष्ट्रीय कांग्रेस और स्वतंत्रता संघर्ष के आंदोलन से हुआ। 26 दिसम्बर, 1929 के लाहौर अधिवेशन में कांग्रेस ने पूर्ण स्वराज का प्रस्ताव पारित किया। पूर्ण स्वराज की घोषणा एवं महात्मा गांधी के प्रभावस्वरूप जोशी जी सत्याग्राही होने के लिए प्रेरित हुए।

अपने कॉलेज के दिनों में उन पर किस तरह कविता का संस्कार पड़ा और राष्ट्रीयता की भावना ने किस तरह उन्हें आ घेरा, इस बारे में उन्होंने अपनी पुस्तक 'निशीथ एवं अन्य कविताएँ' की भूमिका में बताया—"कॉलेज का मेरा पहला बरस था। दीवाली की छुट्टियाँ शुरू होते ही पन्द्रह रूपये मँगनी पर लेकर हम तीन मित्र अहमदाबाद से आबू जाने के लिए गाड़ी में बैठे। गाड़ी से आबू रोड तो पहुँचे, पर फिर पहाड़ चढ़े, चल कर उतरे और वतन से सौ मील जितना डूँगरमाला से गुजरता विकट मार्ग भी पैदल ही काटा। मूल में मैं डूँगरों का हूँ। उत्तर गुजरात में मेरे गाँव में मेरे घर के पीछे ही डूँगर है। परन्तु अर्बुदगिरि का अनुभव मुझे प्रकृति-प्रेम में लहराता ही रहा। शरद पूर्णिमा की रात्रि थी। काव्यदीक्षा के लिए तरसते तरुण चित्त को अर्बुदगिरि की पर्वतश्री ने शरदपूर्णिमा के प्रफुल्ल आलोक में धन्य मन्त्र दिया; सौन्दर्य पी : उरझरण गाशे पछी आपमेळे। हमें पहाड़ मुँह खोलकर पानी पीते दिखाई नहीं देते, हम पर पानी पड़ते ही लुढ़क जाता दिखता है, फिर भी चुपचाप हम अपने भीतर उसे संगृहीत कर लेते हैं। भीतर पानी का पर्याप्त संचय हुआ कि फिर चाहे शिलाएँ कैसी भी क्यों न हों, उनके द्वार तोड़कर निर्झर अपने आप बाहर फूट आता है। मानों हमारा-कठोर पर्वतों का हृदय भी गाने लग गया हो! विश्व में

सौन्दर्य की सतत धारा-वर्षा हो रही है। तूने यदि उसे भीतर उतारा होगा तो फिर तेरा उरनिर्झर अपने आप गाने लग जायेगा। उस समय काव्यजीवन का आरम्भ करने के लिए यह मन्त्र पर्याप्त था।"

सन् 1930 में जोशी जी ने एक सत्याग्रही के रूप में वीरमगाम सत्याग्रह में भाग लिया। नवम्बर 1930 में उन्हें अन्य सत्याग्रहियों के साथ साबरमती जेल में कैद कर लिया गया और बाद में यरवदा जेल में। सन् 1931 में गांधी-इरविन समझौता होने के बाद उन्हें अन्य राजनीतिक बंदियों के साथ रिहा कर दिया गया। जोशी जी बताते हैं, "1931 में गांधी-इरविन समझौते के समय में मैं कॉलेज में वापिस न गया। फिर से लड़ाई आ रही है, इस अपेक्षा से गांधीजी द्वारा स्थापित गुजरात विद्यापीठ में जाकर आचार्य श्री काका साहब कालेलकर के साथ रहा। वहाँ उस नाटक की तैयारी के लिए (जेल में रहते हुए उन्होंने एक नाटक लिखने की योजना बनाई थी) स्वाध्याय का आरम्भ किया।" इस समय गांधीजी गुजरात विद्यापीठ में आकर रहे। प्रार्थना प्रवचन के दौरान जोशी जी को उनका सान्निध्य मिलता रहा। इस समय गांधीजी के सान्निध्य में रहते हुए उनके प्रभावस्वरूप जोशी जी ने 'विश्वशान्ति' खण्डकाव्य की रचना की। गांधीजी द्वारा स्थापित नवजीवन प्रेस से यह खण्डकाव्य छपकर आया तो इसका बहुत स्वागत हुआ। पर इस के बारे में जोशी जी बताते हैं, "छोटी-सी काव्य पुस्तिका गांधीजी को पहुँचाने की हिम्मत मैं कर न पाया।"

सन् 1932 में वह जेल से 'गंगोत्री' संग्रह की कुछ कविताएँ और एकांकी संग्रह के पहले पाँच नाटक लेकर बाहर आये, इन पर सामाजिक तथा वैयक्तिक विसंवाद की छायाएँ अंकित हैं। जेल के दिनों में उनका परिचय समाजवादी विचारों वाले अनेक राजनीतिक बंदियों से हुआ। सन् 1931 में यरवदा जेल में उन्होंने मार्क्स कीकृतियों एवं अन्य समाजवादी साहित्य को पढ़ा। इससे उन्हें देश की सामाजिक-राजनीतिक परिस्थिति को वस्तुनिष्ठ ढंग से समझने में मदद मिली और आधुनिकता के संदर्भ में उनकी समझ का विकास हुआ।

गांधीजी द्वारा सविनय अवज्ञा आंदोलन वापस ले लेने के बाद जोशी जी ने एलफिंस्टन कॉलेज में प्रवेश लिया। जब वह कला स्नातक करने के लिए एलफिंस्टन कॉलेज में दाखिला ले रहे थे, उस वक़्त उनकी रचनाएँ स्कूली पाठ्यक्रमों में पढ़ाई जाती थीं और वे गुजराती साहित्य में एक स्थापित लेखक हो चुके थे। सन् 1937 में उनका विवाह ज्योत्सना जोशी के साथ हुआ। इसी साल उन्होंने गोकलीबाई हाईस्कूल, मुम्बई में अध्यापन कार्य शुरू किया। मुम्बई विश्वविद्यालय से प्रथम श्रेणी में गुजराती और संस्कृत विषयों के साथ एम.ए की परीक्षा पास करने के बाद वे सिडेनहैम कॉलेज, मुम्बई में अध्यापन करने लगे। सन् 1939 में उनकी नियुक्ति गुजरात विद्यासभा में स्नातकोत्तर अनुसंधान अध्ययन विभाग में प्रोफेसर के रूप में हुई। अप्रैल 1944 से सितम्बर 1946 तक उन्होंने गुजराती की सबसे पुरानी मासिक पत्रिकाओं में से एक "बुद्धिप्रकाश" का संपादन किया। सन् 1946 में वे स्वेच्छा से गुजरात विद्यासभा से सेवानिवृत्त हुए और बाद के वर्षों में उन्होंने मासिक पत्रिका "संस्कृति" की शुरुआत की और 1984 तक इस मासिक पत्रिका का प्रकाशन जारी रखा।

जोशी जी ने गुजराती साहित्य की साहित्यिक आलोचना में भी योगदान दिया। वे साहित्य अकादमी की स्थापना के समय से ही उसमें सामान्य परिषद् एवं कार्यकारिणी के सदस्य रहे। वे सन् 1978 में साहित्य अकादमी के अध्यक्ष चुने गये। सन् 1939 में प्रकाशित उनके कविता-संग्रह 'निशीथ' पर 29 साल बाद 1968 में ज्ञानपीठ पुरस्कार मिला। सन् 1979 में उन्होंने शांतिनिकेतन में आचार्य के पद पर भी कार्य किया। सन् 1976 में वे ज्ञानपीठ पुरस्कार समिति के अध्यक्ष बने। सन् 1970 में उन्हें राज्यसभा का सदस्य भी मनोनीत किया गया। जोशी जी ने आपातकाल के दौरान तत्कालीन तानाशाही रवैया रखने वाली सरकार का विरोध करके अपने सिद्धान्तों के प्रति अपनी निष्ठाप्रदर्शित की कि समय के साथ वे बदले नहीं हैं बल्कि आज भी उन सिद्धान्तों पर कायम हैं जिनके लिए उन्होंने स्वतंत्रता-संघर्ष के दौरान लड़ाई लड़ी थी। गुजराती भाषा के महान लेखक तथा भारतीय साहित्य परम्परा को समृद्ध करने वाला महान रचनाकार 1988 में ईश्वर की रचना में विलीन हो गया।

काव्य-संग्रह

विश्वशांति (6 खंडों में), गंगोत्री, निशीथ, गुलेपोलांड, प्राचीना, आतिथ्य और वसंत वर्ष, महाप्रस्थान

एकांकी – अभिज्ञा

कहानी – सापनाभरा, शहीद

उपन्यास – श्रावनी मेलो, विसामो

निबंध – पारंकाजण्या

नाटक – हवेली

संपादन – गोष्ठी, उघाड़ीबारी, क्लांतकवि, म्हारासॉनेट, स्वप्नप्रयाण

जोशी जी को परंपरा का गहरा ज्ञान था। कालिदास के अभिज्ञान शाकुंतलम् और भवभूति के उत्तररामचरितम् का उन्होंने गुजराती में अनुवाद किया। ऐसे अनुवाद गुजराती साहित्य की अभिव्यक्ति क्षमता को बढ़ाने वाले थे। ईशावास्य उपनिषद् का गुजराती अनुवाद और उसका भाष्य।

सूत्र : साहित्य का सबसे बड़ा अलंकार उसकी सादगी, सरलता और सच्चाई है।

5

के. सच्चिदानंदन

मामूली चीज़ों का सौन्दर्य

मलयालम

के. सच्चिदानंदन आधुनिक मलयालम भाषा के सबसे चर्चित व अग्रणी कवि हैं। लेकिन दुनियाभर में भारतीय साहित्य के प्रतिनिधि पुरुष हैं। भारतीय भाषाओं के अतिरिक्त दुनिया की तमाम भाषाओं में उन्हें बहुत प्रेम से पढ़ा जाता है। केरल का प्राकृतिक वैभव, सांस्कृतिक स्मृतियाँ और गहरी करुणा उनकी कविता का सारतत्त्व है। शैलीगत सरलता और भाषा की निर्भार सहजता उन्हें सर्वग्राही बनाता है।

के. सच्चिदानंदन का जन्म 1946 में केरल के त्रिशूर जिले के कोडुंगल्लूर के एक गाँव पुल्लूट में हुआ था। गाँव के स्कूल में प्रारंभिक शिक्षा हासिल करने के बाद उन्होंने क्राइस्ट कॉलेज, इरिंजालकुडा में जीव विज्ञान का अध्ययन किया और महाराजा कॉलेज, एर्नाकुलम से अंग्रेजी में स्नातकोत्तर किया। के. सच्चिदानंदन के अब तक लगभग 22 काव्य संग्रह प्रकाशित हो चुके हैं जिनमें 'अंजू सूर्यन', 'इयुथाचानायुथुम्बोल', 'पीडनकलम', 'वेनलमाया', 'इवानेकुडी', 'वीदुमत्तम', 'मलयालम', 'अपूर्वम', 'संबाशननाथिनोरु श्रमम', 'विक और सक्ष्यांगल थुडांगी' आदि बेहद लोकप्रिय संग्रह हैं। उन्होंने अपनी कविताओं का अंग्रेजी, हिंदी, तमिल, तेलुगु , कन्नड़, गुजराती, बंगाली, असमिया, उड़िया, उर्दू, पंजाबी, फ्रेंच और इतालवी में अनुवाद किया है। इसके अलावा के. सच्चिदानंदन ने पाब्लो नेरुदा और एंटोनियो ग्राम्सी जैसे विश्व प्रसिद्ध लेखकों की रचनाओं का भी अपनी शैली

में अनुवाद किया। उन्होंने मलयालम, अंग्रेजी, हिंदी में कविता और निबंधों के कई संकलनों के अलावा 'ज्वाला', 'उत्तरम' और 'पचक्कुटिरा' जैसी कई पत्रिकाओं का संपादन किया है।

के. सच्चिदानंदन शुरुआत में आधुनिक कवियों के बिंब विधान, छंद, कल्पनाशीलता और हास्य-व्यंग्य के उनके प्रयोग से बेहद प्रभावित थे। मलयालम में आधुनिकता के आने से ही गद्य कविता की परंपरा रही है। अयप्पा पणिक्कर ने इसकी शुरुआत की थी। स्कूली दौर में आधुनिक यूरोपीय कवियों और अमेरिकी बीट कवियों को पढ़ने के साथ-साथ अयप्पा पणिक्कर से हुई मुलाकात ने कवि के रूप में के. सच्चिदानंदन को दिशा दी। फिर केरल कविता (पत्रिका) से जुड़ने और मलयालम में अनुवाद करते हुए वो दूसरी भाषाओं के भारतीय कवियों के संपर्क में आये जिससे उनका बोध और उनकी भाषा गहरे स्तरों पर प्रभावित हुई। उनकी सामाजिक चिंताएँ और गहरी हुईं।

"यह सही है कि हम हार गए/ लेकिन, जीत किसकी हुई?/ लोगों की हार हुई तो/ लोग कैसे जीत गए? / यह सही है कि तुम जीते/ लेकिन, हार किसकी हुई?/ लोगों की जीत हुई तो/ लोग कैसे हार गए?/ जीत हमारी हो या तुम्हारी/ लोगों की हार हुई तो/ हम या तुम/ कैसे जीतते?"

आधुनिक कविताओं ने उन्हें केवल राजनीतिक कविताएँ लिखने के लिए ही प्रेरित नहीं किया, इसने उन्हें आधुनिक बोध से भी संपन्न किया। 1960 के दशक के उत्तरार्ध से शुरू हुई के. सच्चिदानंदन की आधी सदी से ज्यादा की काव्य यात्रा देश में तमाम राजनीतिक विद्रूपताओं की गवाह रही है । इसलिए वह राजनीति पर तात्कालिक बड़बोली कविताएँ लिखने की बजाय उसे उसे गहन सामाजिक विमर्शों से जोड़ते हुए हमारी राजनीति और लोकतंत्र की विडंबनाओं को उद्घाटित कर देते हैं।

के. सच्चिदानंदन मलयालम 'आफ्टर-मॉडर्निस्ट' कविता के संस्थापकों में से एक हैं। उन्हें अपने सार्वभौमिक दृष्टिकोण के लिए जाना जाता है जो लगातार अपने और दूसरों के लिए दरवाजे खोलते हैं। सच्चिदानंदन में आधुनिकता, चुनी हुई लेकिन सरल शब्दावली, प्रतीकात्मकता, छंदों की एक आकर्षक चिकनाई, अपने साथ और पाठक के साथ संवाद की तरह, एक सूक्ष्म विडंबना को चिन्हित करती

है। उनकी 'पीला-हरा' शीर्षक कविता कुछ यूँ है- "जब पीला पत्ता झरता है/ हरा पत्ता हँसता नहीं/ वह सिर्फ़ थोड़ा-सा काँप उठता है / उस फ़ौजी की तरह/ जो देख रहा है / गोली खाकर गिरते अपने पड़ोसी को/ सर्दी की बर्फ़ीली छुअन से / जब फूलने लगती हैं उसकी नसें / ध्यान आता है उसे/ नियति का रंग है पीला / और वह हो जाता है सुन्न / और पीला पत्ता सड़ता है वेग से / ताकि वह बन सके हरा पत्ता/ खिला सके फूल /अगले बसंत में/ हरा पत्ता नहीं जानता कुछ भी / मरने के बाद आत्माओं के / सफ़र के बारे में / हरे पत्ते का दुख पीला-पीला है / पीले पत्ते का सपना हरा-हरा / इसलिए जब नौजवान हँसते हैं / सूरजमुखी खिलते हैं / और.... हाँ, इसीलिए बूढ़ों के / आँसू झिलमिलाते हैं / मणियों की तरह... ।

मलयालम साहित्य को फिर से परिभाषित करने वाली सामाजिक-सांस्कृतिक क्रांति के एक मशाल वाहक, सच्चिदानंदन ने हमेशा उत्पीड़ित, अल्पसंख्यकों, हाशिए की जातियों और वर्गों और महिलाओं के अधिकारों की वकालत की है। 'मिट्टी खाने वाला' शीर्षक कविता इसकी बढ़िया नज़ीर है-

"जब खाने को कुछ भी न बचा / तो काले बच्चे ने मिट्टी खा ली, / जब माँ छड़ी लेकर आई / तो उसने मुँह खोल दिया / माँ ने उसमें तीनों लोक देखे / पहले में / सोने से निर्मित युद्ध-विमान थे/ दूसरे में / अनेक देशों से लूटा गया / धन व चावल / तीसरे में / भूख, मक्खी और मौत / वह उससे मुँह बन्द करने के लिए चीखी / उसमें रखने के लिए / एक मुट्ठी चावल न होने के कारण / बाद में उन्हें / कारागार की ठंडी फर्श पर देखा गया था / यातना दे-देकर मार दिए गए / दो भूमिगत बागी।"

कविता के बाबत खुद के. सच्चिदानंदन कहते हैं कि 'कविता केवल संयोजन खेल नहीं है। यह अथक के सागर से उगता है, यह कहने की कोशिश करता है कि यह क्या नहीं कह सकता, नामहीन का नाम लेना और आवाजहीन को आवाज़ देना है।'

उन्हें 2005 में पोलैंड सरकार द्वारा इंडो-पोलिश मैत्री पदक और 2006 में इतालवी गणराज्य का ऑर्डर ऑफ मेरिट दिया गया। उनका नाम 2011 में नोबेल संभावितों की लैडब्रोक सूची में था। उन पर एक फिल्म, 'समर रेन' 2007 में रिलीज हुई थी। उन्हें 1984 में 'कवितायुम जनातायुम' गद्य के लिये केरल

साहित्य अकादमी पुरस्कार, 1989 में कविता संग्रह 'इवानेककुडी' के लिये केरल साहित्य अकादमी पुरस्कार, 1999 में 'गांधी' नाटक के लिये केरल साहित्य अकादमी पुरस्कार, 2000 में यात्रा वृतांत 'पाला लोकम पाला कालम' के लिये केरल अकादमी पुरस्कार, 2009 में 'पदिंजरन कविताकल' के अनुवाद के लिये केरल साहित्य अकादमी पुरस्कार, 2010 में केरल फेलोशिप पुरस्कार, 2012 में मारनु वेचा वास्तुवक्कल के लिये साहित्य अकादमी पुरस्कार। मलयालम साहित्य और कविता में उनके योगदान के लिए उन्हें केरल सरकार का सर्वोच्च साहित्यिक सम्मान एज़ुथचन पुरसकारम 2017 के लिए चुना गया। इसके अलावा उन्हें और भी दर्जनों राष्ट्रीय अंतर्राष्ट्रीय पुरस्कार प्रदान किए गए हैं ।

के. सच्चिदानंदन की कविताओं का अरबी, असमिया, बंगाली, अंग्रेजी, फ्रेंच, जर्मन, गुजराती, हिंदी, कन्नड़, लातवियाई, मराठी, उड़िया, पंजाबी, स्वीडिश, तमिल, तेलुगु और उर्दू सहित तमाम भाषाओं में अनुवाद हो चुका है। उन्होंने खुद भी अनुवाद के माध्यम से कई विश्व कवियों को भारतीय पाठकों तक पहुंचाया है और मलयालम कविता के संसाधनों को समृद्ध किया और अब भी लगातार अपनी लेखनी से नये क्षितिज गढ़ते जा रहे हैं।

सूत्र : अपने परिवेश से पैशनेट लगाव और उसका आलोचनात्मक पल्लवन ही रचनात्मकता की सबसे बड़ी पूँजी है। भाषा और रचनात्मक शैलियाँ भी इसी परिवेश से पैदा होती हैं। इस तरह देखने पर पता चलता है कि हर बड़ा रचनाकार अपने परिवेश का ही जैविक विकास होता है।

6

गजानन माधव मुक्तिबोध

अग्निधर्मा चेतना का रक्तप्लावित स्वर

हिंदी

पिछली आधी सदी से गजानन माधव मुक्तिबोध का हिन्दी संसार पर एक रचनात्मक आतंक-सा है, लेकिन आज यह अविश्वसनीय लगेगा कि उनके जीवनकाल में उनका एक भी कविता-संग्रह प्रकाशित नहीं हो पाया था। जब लंबी बीमारी के बाद 1964 में उनकी मृत्यु हुई, उमर 47 वर्ष होने वाली थी। मुख्य रूप से कवि होने के बावजूद उन्होंने आलोचना, कहानियाँ और उपन्यास भी लिखा। आज उनका समूचा साहित्य 'मुक्तिबोध रचनावली' के रूप में छह खंडों में प्रकाशित हुआ है। मुक्तिबोध की मरणोत्तर कीर्ति लगातार बढ़ती गई है। हिन्दी के इतिहास में किसी लेखक द्वारा ऐसी केन्द्रीयता पाने के उदाहरण विरल हैं।

गजानन माधव मुक्तिबोध का जन्म 13 नवम्बर, 1917 को श्योपुर कस्बे में ग्वालियर, मध्यप्रदेश में हुआ था। उनके पिता का नाम माधवराव था। वे पुलिस विभाग में सब-इंस्पेक्टर थे। पिता के व्यक्तित्व के प्रभावस्वरूप इनमें ईमानदारी, न्यायप्रियता और दृढ़ इच्छाशक्ति के गुणों का विकास हुआ। मुक्तिबोध की माता का नाम पार्वतीबाई था। वह बुंदेलखण्ड के एक समृद्ध किसान परिवार की थीं। वह छठवीं कक्षा तक शिक्षित थीं। भावुक और स्वाभिमानिनी थीं। हिन्दी में मुंशी प्रेमचन्द और मराठी के हरिनारायण आप्टे उनके प्रिय लेखक थे। मुक्तिबोध ने 'मेरी माँ ने मुझे प्रेमचन्द का भक्त बनाया' शीर्षक से एक लेख लिखकर प्रेमचन्द के

साहित्य के अध्ययन के कारण उनके स्वभाव पर पड़ने वाले प्रभाव के बारे में बताया है। लिखते हैं, "वह प्रेमचन्द को एक कहानीकार के रूप में बहुत-बहुत चाहती थीं। उसकी दृष्टि से, यानी उसके जीवन में महत्व रखने वाले, सिर्फ दो ही उपन्यासकार हुए हैं – एक हरिनारायण आप्टे, दूसरे प्रेमचन्द। उनके लेखे आप्टे की सर्वोच्च मराठी कृति 'पण लक्षात कोण घेतें' है, जिसमें भारतीय परिवार में स्त्री के उत्पीड़न की करुण कथा कही गयी है। वह क्रान्तिकारी करुणा है। उस करुणा ने महाराष्ट्रीय परिवारों को समाज-सुधार की ओर अग्रसर कर दिया। मेरी माँ जब प्रेमचन्द की कृति पढ़ती, तो उसकी आँखों में बार-बार आँसू छलछलाते से मालूम होते। और तब-उन दिनों मैं साहित्य का एक जड़मति विद्यार्थी मात्र मैट्रिक का एक छोकरा था – प्रेमचन्द की कहानियों का दर्द भरा मर्म माँ मुझे बताने बैठती। ...प्रेमचन्द के प्रति मेरी श्रद्धा व ममता को अमर करने का श्रेय मेरी माँ को है। मैं अपनी भावना में प्रेमचन्द को माँ से अलग नहीं कर सकता।"

मुक्तिबोध की प्रारंभिक शिक्षा उज्जैन में हुई थी। 1938 में बी.ए. करने के पश्चात् वे उज्जैन के मॉडर्न स्कूल में अध्यापक हो गये। अनेक स्कूलों में अध्यापन करने और अर्थाभाव में जीवन गुजारते रहने के बाद 1954 में उन्होंने नागपुर विश्वविद्यालय से एम.ए की प्राइवेट परीक्षा उत्तीर्ण की और राजनाँदगाँव के दिग्विजय कॉलेज में प्राध्यापक नियुक्त हुए।

युवा जीवन में कविता और बौद्धिक गतिविधियों के प्रवेश के तुरंत बाद ही उनके जीवन में प्रेम का प्रवेश हुआ। इस प्रेम के बारे में शमशेर बहादुर सिंह कहते हैं, 'एक जुनून गहरा और सुंदर और स्थायी'। उनका यह प्रेमविवाह उनके परिवार के लोगों को स्वीकार्य नहीं हुआ। शांताबाई से स्वेच्छा से विवाह के बाद उनके जीवन में उस संघर्ष और आर्थिक अभाव का प्रवेश हुआ जो अंतिम समय तक उनके साथ बना रहा। बेहतर नौकरी के लिए संघर्ष निरंतर बना रहा और सिद्धान्तों से समझौता न करने की उनकी प्रवृति उन्हें कोई भी सुविधापूर्ण और समझौतावादी मार्ग अपनाने से रोकती रही। जबलपुर के उनके दिनों के बारे में संस्मरणकार कांति कुमार जैन लिखते हैं, "वर्ष 1949 के प्रारंभ में मुक्तिबोध जबलपुर से नागपुर न आए होते तो स्वयं उनका जीवन और हिन्दी कविता का रूप दूसरा ही होता 1948

में मुक्तिबोध जबलपुर में थे। जबलपुर आए उनको दो साल हो रहे थे। वहाँ वे डी.एन. जैन हाईस्कूल में मास्टरी करते थे। अपनी मास्टरी से वे संतुष्ट नहीं थे। जिस स्कूल में वे थे, वह उन्हीं के शब्दों में बेहद सड़ियल था। तनख़्वाह बहुत कम थी, वह भी समय पर न मिलती थी। वहाँ के साहित्यिक वातावरण में वे स्वयं को मिसफिट अनुभव करते थे। खाने-कमाने की 'फिजूलियात' से ही फुर्सत नहीं थी। वे बहुत कुछ करना चाहते थे पर दम भरने का वक्त तो मिले। सवेरे उठते ही वे हाड़तोड़ कामों में जुट जाते। सवेरे तोताछाप बुकनी वाली कड़क चाय पीते। अपनी टूटी हुई साइकिल उठाते और 'न्यू एज' की प्रतियाँ ग्राहकों के यहाँ पहुँचाने की मुहिम पर निकल पड़ते। ग्राहक कौन उनके घर के आसपास ही रहते? साइकिल भी कैसी? सीट का कवर उखड़ा हुआ, पैडल के नाम पर केवल पैडल का ढाँचा। 'न्यू एज' के वितरण से मास्टरी से मिलने वाली तनख़्वाह के अलावा थोड़ी-बहुत ऊपरी आमदनी का जुगाड़ हो जाता। तंग दस्ती व मानसिक रूप से वे बेहद बेचैनी का अनुभव करते, शारीरिक रूप से कमजोरी का। सवेरे की कड़क चाय 10 बजते-बजते पेट में ठंडी हो जाती, स्कूल पहुँचने का वक़्त हो जाता। 'न्यू एज' बाँटकर घर पहुँचते समय रास्ते में कॉलेज जाने वाले प्रोफेसर मिलते, सूट-बूट-टाई या जोधपुरी में। अंचलजी के कॉलेज का रास्ता मुक्तिबोध के मुहल्ले से जाता। वही सीता का मायका, वही रावण की गैल। अंचलजी टूटी साइकिल पर फटे पांयचों वाले मुक्तिबोध को देखते तो टिप्पणी करते-ये देखो, हिन्दी का एजरा पाउंड जा रहा है।"

अध्यापन के अलावा मुक्तिबोध ने 'नया खून' पत्र निकाला और इसका संपादन किया। इसके अलावा भी कई अन्य पत्र-पत्रिकाओं का संपादन किया। 1962 में मुक्तिबोध द्वारा तैयार की गई पाठ्य पुस्तक 'भारत : इतिहास और संस्कृति' को मध्यप्रदेश सरकार द्वारा प्रतिबंधित कर दिया गया। इससे उन्हें गहरा आघात लगा। इस पुस्तक को पाठ्यक्रम से हटाने के लिए जिस तरह से आंदोलन चलाया गया उससे मुक्तिबोध बहुत आहत हुए। यह उनके लिए व्यक्तिगत नुकसान से कहीं अधिक अभिव्यक्ति की स्वतंत्रता पर हमला था और उन्होंने इस घटना को व्यापक संदर्भ में रखकर समझने की कोशिश की। 'अंधेरे में' कविता का लेखन काल यही है। इस घटना के बाद उनके मन में भय और असुरक्षा ने स्थायी तौर पर जगह बना ली। इस भय, असुरक्षा और संत्रास के कारण पक्षाघात की बीमारी से

17 फरवरी 1964 को उनकी मृत्यु हो गई। इतने तनाव और परेशानियों के बीच रहते हुए भी उनका व्यवहार सबके प्रति सभ्य और शिष्ट बना रहा। अपने जीवन के अंतिम समय तक अपनी परेशानियों के बारे में बात न करके वे देश और दुनिया के घटनाक्रमों पर, राजनीति और साहित्य पर बातें करते रहे।

मुक्तिबोध तार सप्तक के पहले कवि थे। मनुष्य की अस्मिता, आत्मसंघर्ष और प्रखर राजनीतिक चेतना से समृद्ध उनकी कविताओं की ओर ध्यान तार सप्तक में उनके प्रकाशन के बाद गया। उनके जीवनकाल में उनका कोई कविता-संग्रह प्रकाशित नहीं हो पाया। मुक्तिबोध जब अस्वस्थ थे, उस समय श्रीकांत वर्मा के प्रयास से उनकी पुस्तक 'एक साहित्यिक की डायरी' प्रकाशित हो पायी। मृत्यु के दो महीने बाद उनका पहला कविता संग्रह 'चाँद का मुँह टेढ़ा है' प्रकाशित हुआ। इसी वर्ष 1964 में नागपुर के विश्व भारती प्रकाशन द्वारा उनका निबंध-संग्रह 'नयी कविता का आत्मसंघर्ष एवं अन्य निबंध' प्रकाशित हुआ। मुक्तिबोध द्वारा यह संग्रह 1963 में ही तैयार कर दिया गया था। बाद के वर्षों में भारतीय ज्ञानपीठ द्वारा मुक्तिबोध की अन्य पुस्तकें— 'काठ का सपना', 'सतह से उठता आदमी' (कहानी-संग्रह) और 'विपात्र' (लघु उपन्यास) प्रकाशित हुए। 1980 में उनकी कविताओं का दूसरा संकलन 'भूरी भूरी खाक धूल' प्रकाशित हुआ। 1985 में छह खण्डों में मुक्तिबोध की रचनावली का प्रकाशन हुआ।

अशोक वाजपेयी कहते हैं:

"मुक्तिबोध गोत्रहीन कवि हैं. हिन्दी में उनका कोई पूर्वज नहीं खोजा जा सकता। असल में उनके पूर्वज तोल्सतोय, दोस्तोवस्की, गोर्की इत्यादि रूसी उपन्यासकार थे। ऐसा कोई कवि पहले नहीं हुआ जिसकी प्रेरणा कविता के अलावा उपन्यासों से आई हो। मुक्तिबोध के बाद भी किसी ने उस तरह के शिल्प में उतनी कविता लिखने की हिम्मत नहीं की। क्योंकि उन जैसा लिखना वैसे भी संभव नहीं था। इस तरह अपने समय के अंधेरे को पहचानने की चेष्टा करना, अपने समय के अंधेरे को टटोलना और उस अंधेरे में अपनी हिस्सेदारी, अपनी शिरकत को, आत्म-निर्ममता को स्वीकार करना, यह सब सीखा मुक्तिबोध से। बीसवीं सदी के महान भारतीय लेखकों में मुक्तिबोध का नाम हमेशा रहेगा।"

सूत्र : कविता में जो आवेग होता है वह रचनाकार की अनुभूति और जिज्ञासा की इंटेंसिटी ही है।

क्या आप जानते हैं?

मुक्तिबोध की कविता को फैंटेसी कविता कहते हैं। क्या होती है फैंटेसी ?

फैण्टेसी का अर्थ है- स्वप्नचित्र। रचना-प्रक्रिया अथवा सृजनशीलता में रचनाकार जब बाह्य परिवेश को पूर्णतया आत्मसात् करता है तब उस सृजनशील रचनाकार के हृदय में एक धुंधला रहस्यमय कल्पना-चित्र उभरता है और यह स्वप्निल प्रभाव उसके अभिव्यक्ति-पक्ष का माध्यम बन जाता है, इसी को फैंटेसी कहा जाता है।

7

गिरीश कर्नाड

आप इतिहास बदलते हैं और इतिहास आपको बदलता है

कन्नड़

गिरीश कर्नाड कन्नड़ भाषा के अप्रतिम नाटककार हैं। कन्नड़ नाटक में गिरीश कर्नाड का वैसा ही स्थान है जैसा कि बांग्ला नाटक में बादल सरकार, मराठी नाटक में विजय तेंदुलकर और हिंदी नाटक में मोहन राकेश का है। 'आज के रंग नाटक' नाम से वर्ष 1973 में सुरेश अवस्थी, पुरुषोत्तम लक्ष्मण देशपांडे और इब्राहिम अल्काज़ी के संपादन में चार नाटकों का प्रकाशन हुआ जिसमें मोहन राकेश, विजय तेंदुलकर, बादल सरकार के साथ गिरीश कर्नाड को स्थान दिया गया। यह भारतीय नाटककारों का एक चतुर्भुज था। बीसवीं सदी के साठ के दशक में इस चौकड़ी ने अपने नाटकों से न सिर्फ़ भारतीय नाटकों और रंगमंच की दशा-दिशा बदल डाली बल्कि उसके लिए ऐसी ज़मीन तैयार की जो यथार्थ और विमर्श की थी। जो इतनी प्रयोगशील भी थी कि उसमें भारतीय समाज की कई तरह की ध्वनियाँ और छवियाँ देखीं-पढ़ी जा सकें।

कर्नाड आज़ादी के बाद की उस पहली पीढ़ी के भारतीय कलाकारों में से एक थे जिन्हें हर चीज पर पुनर्विचार करना पड़ा। वे नाटककार के अलावा कुशल अभिनेता, संस्कृतिकर्मी और मानवता के पक्ष में डटकर खड़े होने वाले एक्टिविस्ट थे। गिरीश उन दुर्लभ संस्कृतिकर्मियों में से एक थे जिनके सरोकारों की अभिव्यक्ति सिर्फ़ उनकी रचनाओं में ही नहीं, रचना से बाहर सार्वजनिक जीवन में भी होती

रही। लोकतंत्र, पंथनिरपेक्षता और अभिव्यक्ति की स्वतंत्रता उनके जीवन-मूल्य थे जिनकी रक्षा के लिए वो 80 वर्ष की उम्र और बीमारी को भी दूर धकेलते हुए वो सड़क पर उतर जाते। गौरी लंकेश की स्मृतिसभा में नाक में नली और हाथों की 'मी टू अर्बन नक्सल' की तख्ती वाली उनकी तस्वीर आवाज़ उठाने की बेचैनी से भर देती है। उनका कामकाज विपुल और मानवीय अनुभवों से जुड़ा हुआ है।

गिरीश कर्नाड का जन्म 19 मई, 1938 को माथेरान , महाराष्ट्र में हुआ था। उनका पूरा नाम गिरीश रघुनाथ कर्नाड था। उनकी शुरुआती पढ़ाई मराठी में हुई। गिरीश जब 14 वर्ष के थे तब उनका परिवार कर्नाटक के धारावाड में आकर बस गया। यहां पर उन्होंने कन्नड़ भाषा सीखी। गिरीश कर्नाड ने 1958 में कर्नाटक आर्ट्स कॉलेज से गणित में स्नातक किया। 1960-63 में गिरीश कर्नाड ने इग्लैंड में दर्शनशास्त्र, अर्थशास्त्र और राजनीति विज्ञान की पढ़ाई की। गिरीश कर्नाड ऑक्सफोर्ड स्टूडेंट यूनियन के प्रेसिडेंट भी बने।

इसके बाद गिरीश कर्नाड ने ऑक्सफ़ोर्ड यूनिवर्सिटी प्रेस चेन्नई में सात साल तक (1963-1970) तक काम किया। लेकिन इस काम में गिरीश कर्नाड का मन नहीं लगा। उन्होंने फुल टाइम लेखन के लिए इस्तीफ़ा दे दिया और भारत लौट आये। गिरीश कर्नाड ने चेन्नई में स्थानीय थियेटर ग्रुप 'द मद्रास थियेटर ग्रुप' के साथ भी काम किया। गिरीश कर्नाड 1987-88 में अमेरिका भी गए और यूनिवर्सिटी ऑफ शिकागो में अतिथि प्रोफेसर रहे। 1974- 1975 में जब वे भारतीय फ़िल्म टेलीविज़न संस्थान यानी एफ़टीआईआई के निदेशक थे। उन्होंने इंदिरा गांधी द्वारा देश में आपातकाल थोपने का विरोध करते हुए एफ़टीआईआई के निदेशक पद से इस्तीफ़ा दे दिया था। 10 जून 2019 को उनका बेंगलुरु में निधन हो गया।

गिरीश कर्नाड ने अपना पहला नाटक ययाति सन् 1961 में ऑक्सफोर्ड यूनिवर्सिटी में पढ़ाई के दौरान लिखा था। जबकि 26 वर्ष की उम्र में 1964 में उन्होंने दूसरा नाटक 'तुगलक' लिखा। उनके प्रमुख नाटकों में 'ययाति', 'तुगलक', 'हयवदन', 'अंजुमल्लिगे', 'बलि', 'नागमंडल', 'रक्त कल्याण', 'अग्नि और बरखा', 'टीपू सुल्तान के ख़्वाब', 'शादी का एल्बम', 'बिखरे बिम्ब', 'पुष्प' गिरीश कर्नाड की कन्नड़ और अंग्रेज़ी दोनों भाषाओं में समान पकड़ थी। उन्होंने अपने नाटकों का

अंग्रेज़ी में भी अनुवाद किया। उनके नाटकों का देश-विदेश की तमाम भाषाओं में अनुवाद और मंचन हुआ।

गिरीश कर्नाड को 1972 में तुगलक़ के लिए संगीत नाटक अकादमी पुरस्कार, 1974 में पद्मश्री पुरस्कार, हयवदन के लिए कमलादेवी चट्टोपाध्याय पुरस्कार, 1992 में कन्नड़ साहित्य परिषद् पुरस्कार, 1994 में साहित्य अकादमी पुरस्कार, 1998 में साहित्य में समग्र योगदान के लिए ज्ञानपीठ पुरस्कार दिया गया। 1998 में उन्हें कालिदास सम्मान भी दिया गया। इसके अलावा उन्हें 1980 फ़िल्मफ़ेयर पुरस्कार - सर्वश्रेष्ठ पटकथा - गोधुली (बी.वी. कारंत के साथ) दिया गया। फिल्मों में योगदान के लिए 10 राष्ट्रीय पुरस्कारों और कई फिल्मफेयर पुरस्कारों से सम्मानित किए गए। इसके अतिरिक्त कई राज्य स्तरीय तथा राष्ट्रीय पुरस्कार दिये गये। सिनेमा और साहित्य में योगदान के लिए गिरीश कर्नाड को भारत सरकार ने 1974 में पद्म श्री, 1992 में पद्म भूषण से सम्मानित किया ।

आजादी के बाद भारतीय रंगमंच में जिस भारतीयता की खोज हो रही थी उसे गिरीश कर्नाड के 'तुगलक', 'नागमंडल', 'अग्नि और बरखा' जैसे नाटकों ने एक रास्ता दिखाया। इसी तरह सत्तर के दशक में जब भारतीय रंगमंच पर पाश्चात्य रंगमंच से प्रभावित नाट्य युक्तियों में कुछ अधिक बंधन था तो खुलेपन और भारतीय रंग मुहावरे की तलाश नाटककारों को परंपराशील रंगमंच की युक्तियों तक ले गई। उस समय भी गिरीश कर्नाड ने 1971 में हयवदन लिखकर रास्ता दिखाया, जिसमें कर्नाटक की शैली यक्षगान और भागवत मेला की युक्तियों का समावेश था, इसके बाद 'थियेटर ऑफ रूट्स' के नारे ने जोर पकड़ा।

गिरीश कर्नाड नाटक लेखन को राजनीतिक कर्म मानते थे। राजनीति का उनके शिल्प में गहरा समावेश है जिसका मूल स्वर प्रतिरोध का है। 'तुग़लक' में वे भारतीय शासन व्यवस्था की मूल ख़ामियों को दर्शाते हैं। 'तुग़लक' में एक पात्र है अज़ीज़, मूलत: ठग, जो बादशाह तुग़लक की हर योजना की काट खोज लेता है और जहाँ बादशाह की सारी योजनाएँ धाराशायी होती हैं वहीं अज़ीज़ हमेशा लाभ में रहता है। 'तुगलक' में वे उदारता और सनक के बीच झूलते एक महत्वाकांक्षी

शासक के बहाने सत्ता और जनता के रिश्तों, दरबारी संस्कृति की पतनशीलता और एक बनते-बिखरते देश की त्रासदी को कई कोणों से देखते हैं।

गिरीश कर्नाड मिथक और इतिहास के उपकरणों का इस्तेमाल करते हुए समकालीन यथार्थ से मुठभेड़ करते हैं और सामाजिक-राजनीतिक विडम्बनाओं पर बहुत मार्मिकता से अंगुली रखते हैं। 'हयवदन' जैसी जटिल कथा और संरचना वाला नाटक हिन्दी या भारतीय भाषाओं में ही नहीं, दुनिया के रंगमंच में दुर्लभ है। उनके नाटक बहुआयामी होते हैं जिसमें एक साथ कई भाव, विचार और द्वंद्व्व परिलाक्षित होते हैं। 'हयवदन' नाटक में वह एक साथ मस्तिष्क और देह का द्वंद्व्व, मनुष्यता और पशुता का द्वंद्व्व, प्रेम और समर्पण का द्वंद्व्व और अंततः ईश्वर के साथ मनुष्य के रिश्ते का द्वंद्व।

स्त्री उनके नाट्य लेखन के केंद्र में रही है। चाहे 'अग्नि और वर्षा' की विशाखा जैसी स्त्री हो या फिर स्त्री किरदार को आधार बना कर लिखा गया नाटक 'बिखरे बिंब' की स्त्रियाँ। स्त्री की यौनिकता और देह पर उसके अधिकार पर उन्होंने 'नागमंडल' जैसा नाटक लिखा जो एक लोककथा पर आधारित है। 'नागमंडल' नाटक में यथार्थ व अयथार्थ सहयात्री के रूप में दृष्टिगोचर होते हैं। गिरीश कर्नाड ने अपने नाटकों में ऐसे चरित्रों की रचना की है जो अपने भीतर के द्वंद्व और बाहर की दुनिया के असामंजस्य के कारण उपजे संघर्ष से जूझते रहते हैं। जाति, धर्म और संस्कृतियों के भीतर के वर्चस्व, शोषित तबके के शोषण का कारण और इन सबमें स्त्री के अपने प्रश्न उनके नाटकों में विद्यमान हैं। कर्नाड अपनी रची लोक संस्कृति की दुनिया में महिलाओं के पास बोलने, काम करने और पुरुषों के भाग्य को नियंत्रित करने की शक्ति प्रदान करते है।

'बेंडा कालू ऑन टोस्ट' नाटक महानगर के रूप में पसरते शहरों की गाथा है जिसमें कई तरह की संस्कृतियाँ शहर के अलग अलग छोरों पर रहती हैं जिसके आपसी मेल से शहर बनता है लेकिन ये एक दूसरे से अनजान बने रहते हैं। शहर के बदलने की राजनीति क्या है और उसके बदलाव से शहरवासियों पर क्या असर पड़ता है, कॉस्मोपोलिटन का दावा करने वाले शहरों की संकीर्णता कैसी है इसको सूक्ष्मता से नाटक में बुना गया है। 'बलि' नाटक में हिंसा को लेकर चिंता है। रानी

कहती है कि आटे का भी मुर्गा बनाकर बलि दें तो भाव तो काटने का ही हुआ, मानसिक हत्या, हिंसा तो है न। उसमें गिरीश कर्नाड ने जैन दर्शन दृष्टि के साथ गांधी के अहिंसा के विचार को भी जोड़ा है।

गिरीश कर्नाड के इतिहास संबंधित नाटक जैसे 'तुगलक' (1964) ताले-डंडा (1989) और 'टीपू सुल्तान' (1997) इस मायने में अधिक प्रासंगिक और महत्वपूर्ण हो जाते हैं कि वो अपने दर्शकों, पाठकों को अधिक प्रामाणिक और तर्कसंगत दृष्टिबोध प्रदान करते हैं कि किस तरह से ऐतिहासिक घटनाक्रम, घटनाकाल और व्यक्ति को देखें और किस तरह अतीत और वर्तमान एक-दूसरे से जुड़े हुए हैं। उनका हर नाटक अपने दर्शकों को यह देखने के लिए भी प्रोत्साहित करता है कि कैसे संस्थागत इतिहास हमारे इतिहास के ज्ञान से अलग है। इतिहास और साहित्य में बुनियादी अंतर यह है कि इतिहास तथ्य पर आधारित होता है, जबकि साहित्य में तथ्य कल्पना के साथ संयुक्त होकर जीवंत रूप ले लेता है।

सूत्र : अपने लोगों का इतिहास और उनके भविष्य की विवेकपूर्ण सक्रिय योजना के बिना कोई बड़ा रचनाकार नहीं बन सकता। अगर उसके पास इतिहास दृष्टि नहीं है तो कोई भविष्य दृष्टि भी नहीं होगी। कोई सक्रिय योजना नहीं है तो सब कुछ निष्प्रभावी और बिखरा हुआ होगा।

क्या आप जानते हैं?

गिरीश कर्नाड ने पुराण कथाओं को आधार क्यों बनाया।

पुराण कथाएँ मनुष्यता की सार्वजानिक संपत्ति हैं। मनुष्य ने इन्हें सुनते और सोचते हुए हज़ारों वर्ष बिताया है। मनुष्य ने इन कथाओं की रचना की—यह सही है, लेकिन यह भी उतनी ही बड़ी सच्चाई है कि इन कथाओं ने मनुष्य की आत्मा की रचना की। ये कथाएँ मनुष्य की चेतना का अनिवार्य हिस्सा हैं। अगर कोई लेखक अपने समाज से प्रभावी संवाद कायम करना चाहता है तो उसे पुराण कथाओं तक जाना होगा। गिरीश कर्नाड इसे जानते थे।

8

जी. शंकर कुरुप

अदृश्य का दृश्य

मलयालम

जी. शंकर कुरुप मलयालम के विश्वप्रसिद्ध कवि हैं। उनकी कविताएँ भारतीय अद्वैत चिंतन की लंबी परंपरा की आधुनिक काव्यात्मक उपलब्धि हैं। उन्हें प्रकृति के मुग्धकारी सौन्दर्य में भी किसी परा चेतनशक्ति का आभास होता है। उन्हें लगता है कि यह विराट प्रकृति और स्वयं वह भी एक अनादि एवं अनन्त चैतन्य के अंश हैं, और यह संसार उसकी लीला भूमि है।

जी शंकर कुरुप प्रकृति और रहस्यवाद की ओर गहरा झुकाव रखते हुए भी इस संसार की ओर से विमुख नहीं हैं। कुरुप जी को इस लौकिक संसार से गहरा लगाव है, खासतौर से सामान्य जन के लिए उनमें गहरी करुणा और प्रेम झलकता है। वह अपनी पुस्तक 'ओटक्कुष़ल्' (बाँसुरी) में अपनी बाल्यकाल की स्मृतियों के बारे में लिखते हैं कि "उस अवस्था से ही (ग्यारह वर्ष) मैं साम्यवाद के पक्ष में दरिद्रों के साथ रहा हूँ। प्रसिद्ध वक्ता एवं प्रशस्त समाजसेवक श्री एम. एन. नायर, जो बाद में सर्विस सोसाइटी की सेवा में चले गये, मुवाट्टुपुषा में मेरे अध्यापक थे। वे मुझे बड़े लाड़-प्यार से प्रोत्साहित करते थे। ब्रिटिश हिस्ट्री और अर्थशास्त्र वही पढ़ाते थे। सोशलिज्म के पर्यायवाची शब्दों के तौर पर वे कभी 'समष्टिवाद' और कभी 'समाजसमत्ववाद' शब्द का इस्तेमाल करते थे।" वह आगे लिखते हैं—

"अपनी समस्त सम्पदा को समाज की सम्पत्ति बनाकर समान रूप से उपभोग करने के लिए जो सन्नद्ध हैं, वे खड़े हो जायें", एक दिन गुरूजी ने हँसते हुए कहा। मैं उठ खड़ा हुआ।

"इससे तो शंकर कुरुप की कोई सम्पत्ति नष्ट होने वाली नहीं, है न?" हँसते हुए फिर जब गुरूजी ने पूछा तो मैं लज्जित भी हुआ ही। बाद में मुझे पता चला कि एशिया के राष्ट्रों में मुझ से कम सम्पत्ति रखने वाले, मेरे जैसे सम्पत्तिवालों से कहीं अधिक हैं। रूस उन दिनों आर्थिक क्रांति का द्वार खटखटा रहा था।

जी शंकर कुरुप कविता को आत्मा का प्रकाश और व्यक्तिगत अनुभवों का प्रकाश मानते हैं। पर उनके लिए व्यक्तिगत अनुभव सामाजिक अनुभवों का अंग है और व्यक्ति सामाजिक परिस्थितियों की उपज है। अपने कविता-संग्रह 'ओटक्कुष़ल्' में वे लिखते हैं, "मेरे गाँव के हरे मैदान, सुनहरे खेत, ग्राम्य हृदय में मस्तक ऊँचा किये खड़े रहने वाला प्राचीन मन्दिर, दरिद्रता में डूबा हुआ प्रतिवेश, कवि कल्पना को अपने पास बुलाने वाली पहाड़ियाँ, इन्हीं सबने मेरे हृदय को स्वप्नों से भर दिया था और फिर उन स्वप्नों को विविध रंगों से सजाया तथा वाणी देकर सजीव बनाया था। वह खेत जिसमें कंगनों-हँसियों की चमक दिखाई देती है, सिर पर धान का बोझा लिये चलने में हाँफती हुई वे कृषक कन्याएँ, अपनी झोपड़ी की ड्योढ़ियों पर बैठे रहने वाले पुलयंर, सन्ध्या के शान्तिपूर्ण वातावरण में मधुरता फैलाता हुआ मन्दिर से आना वाला शंखनाद - इन सबसे मेरे कल्पना समुद्र में अव्यक्त एवं विचित्र तरंगे उठी हैं। मरणोन्मुख सामन्तशाही तथा पाखण्डी पुरोहितों के अत्याचार के कारण ही गाँव का जीवन विकृत हो रहा है, यह बात बचपन के उन दिनों में मैं नहीं समझता था तो भी सामन्ती पाखण्डियों तथा उनके नियमों के प्रति मेरे हृदय में लेशमात्र आदर नहीं था।"

गोविन्द शंकर कुरूप का जन्म 3जून, 1901 ई. को केरल के नायत्तोट नामक स्थान पर हुआ था। उनके पिता का नाम शंकर वारियर और माता का नाम लक्ष्मीकुट्टी अम्मा था। बचपन में ही वह अपने पिता की आशीष छाया से वंचित हो गये थे। आपका लालन-पालन आपकी माँ और मामा ने किया। मामा संस्कृत के पण्डित और ज्योतिषशास्त्री थे। वह भानजे को जल्दी ही काबिल और आत्मनिर्भर बनाना चाहते थे, इसके लिए उन्हें मामा के कठिन अनुशासन में विद्या का अभ्यास करना पड़ता था। अमरकोश, सिद्धरूपम्, श्रोरामोदन्तम् आदि ग्रन्थ उन्हें कण्ठस्थ

हो गये थे। मामा से उन्हें संस्कृत काव्य परम्परा के सुदृढ़ संस्कार मिले। यही कारण है कि उनकी रचनाओं में परम्परा और आधुनिकता का सुंदर समन्वय मिलता है। मामा के कड़े अनुशासन के कारण उन्हें खेलने-कूदने या अन्य बच्चों के साथ घूमने और मौज-मस्ती की छूट नहीं थी। उन्होंने मामा के पास तीन वर्ष की उम्र से आठ वर्ष की उम्र तक शिक्षा पायी। उस समय उनके गाँव में एक प्राथमिक विद्यालय खुला जहाँ उनका दाखिला करा दिया गया। यहाँ से उन्होंने तीसरी कक्षा तक शिक्षा पायी। उनके मामा के पास संस्कृत काव्य की अनेक पुस्तकें थीं। शंकरजी उनका भी अध्ययन करने लगे। मनोयोग से किये गये काव्य अध्ययन का ही परिणाम रहा कि वह नौ वर्ष की उम्र से ही कविताएँ रचने लगे।

गाँव के प्राथमिक स्कूल से उनकी पढ़ाई तीसरी कक्षा तक ही हो पायी। उसके आगे की पढ़ाई उस समय यहाँ नहीं होती थी। आगे की पढ़ाई के लिए वह गाँव से 7 मील दूर पेरूंपावूर के मलयालम मिडिल स्कूल में गये। यहाँ के छात्रावास में उन्हें मुक्त वातावरण मिला जिसने इनकी प्रतिभा के विकास में सहायता पहुँचायी। सातवीं कक्षा तक शिक्षा प्राप्त करने के बाद वह मूवाट्टुपुषा मलयालम हाईस्कूल पहुँचे। वहाँ दो वर्ष रहे, पर इन दो वर्षों में उनका महत्वपूर्ण विकास हुआ। पढ़ाई के दौरान उनके ऊपर उनके दो अध्यापकों श्री आर.सी शर्मा और श्री एस.एन नायर का गहरा प्रभाव पड़ा। उन्होंने कोचीन राज्य की पंडित परीक्षा पास की और शिक्षक हो गये। सन् 1921 से 1925 तक उन्होंने तिरुविल्वामला हाईस्कूल में अध्यापन किया। छात्र जीवन में ही 17 वर्ष की उम्र में उनका पहला कविता-संग्रह प्रकाशित हुआ था। सन् 1925 में वह चालाकुटि हाईस्कूल में पढ़ाने आ गये और इसी साल उनका दूसरा काव्य-संग्रह 'साहित्य कौतुकम्' का दूसरा भाग प्रकाशित हुआ। समय के साथ उनका साहित्यिक यश दूर-दूर तक फैलता जा रहा था। सन् 1931 में प्रकाशित नाले (आगामी कल) नाम की कविता ने इसमें और अधिक अभिवृद्धि की। शुरुआत में आलोचकों ने उनकी कविता के संबंध में यह कहा कि उनकी कविताएँ जनसामान्य की समझ और पहुँच से दूर हैं, लेकिन उनकी कविताओं की लोकप्रियता ने आलोचकों को गलत साबित कर दिया। ऐसा माना जाता है कि शंकर कुरुप जी के साहित्य पर महात्मा गांधी की देशभक्ति और गुरुदेव रवीन्द्रनाथ टैगोर के मानवतावाद का असर पड़ा है।

गोविन्द शंकर कुरुप को वर्ष 1963 में साहित्य अकादमी पुरस्कार मिला। 1965 में उन्हें उनके कविता-संग्रह 'ओटक्कुषल्' के लिए भारतीय ज्ञानपीठ से सम्मानित किया गया। भारतीय ज्ञानपीठ पाने वाले वह पहले साहित्यकार थे। उनके कविता-संग्रह 'विश्वदर्शनम' को 1961 में केरल साहित्य अकादमी पुरस्कार मिला था। 1967 में उन्हें सोवियत भूमि नेहरू पुरस्कार प्राप्त हुआ। भारत सरकार ने उन्हें 1968 में पद्मभूषण सम्मान से अलंकृत किया। इसी वर्ष वे राष्ट्रपति द्वारा राज्यसभा के सदस्य मनोनीत हुए। 2 फरवरी, 1978 को उनका निधन हो गया। इस दिन केरल में राजकीय अवकाश की घोषणा की गई। जी शंकर कुरुप ने न सिर्फ़ मलयालम के काव्यबोध को सँवारा बल्कि भारतीय साहित्य को गहरे प्रभावित किया।

कविता संग्रह

साहित्य कौतुकम चार खंड (1923-1929), सूर्यकांति (1932)

नवातिथि (1935). पूजा पुष्पमा(1944) , निमिषम् (1945), चेंकतिरूकल् मुत्तुकल् (1945), वनगायकन् (1947), इतलुकल् (1948), ओटक्कुषल् (1950), पथिकंटे पाट्टु (1951), अंतर्दाह (1955), वेल्लिल्प्परवकल् (1955) विश्वदर्शनम् (1960), पाथेयम् (1961), जीवन संगीतम् (1964), मून्नरुवियुम् ओरु पुष़युम् (1964), जीयुहे तेरंजेटुत्त कवितकल् (1972), मधुरम् सौम्यम् दीप्तम्, वेलिच्चत्तिंटे दूतम् , सान्ध्यरागम्।

निबंध संग्रह

गद्योपहारम् (1940), लेखमाल (1943), राक्कुयिलुकल् मुत्तुम् चिप्पियुम (1959)

जी. युटे नोटबुक, जी. युटे गद्य लेखनंगल्।

नाटक

इरुट्टिन मुन्पु (1935), सान्ध्य (1944), आगस्ट 15 (1956)

बाल साहित्य

इलम् चंचुकल् (1954), ओलप्पीप्पि (1944), राधाराणि, जीयुटे बालकवितकाल्।

आत्मकथा

ओम्मर्युटे ओलंगलिल् (दो खंड)

अनुवाद

गीतांजलि, एकोत्तरशती, टागोर (बांग्ला से अनुदित)

मध्यम व्यायोग, मेघदूत (संस्कृत से अनुदित)

रूबाइयत ए उमर ख़ैयाम (फारसी कृति का अंग्रेजी के माध्यम से अनुवाद)

सूत्र : मेरे लिए कविता आत्मा का प्रकाश मात्र है। जैसे धूसर क्षितिज पर सन्ध्या की छवि प्रतिबिम्बित होती है वैसे ही बन्धुर छन्दों के पदबन्धों में कवि का हृदय प्रतिबिम्बित होता है। इस आत्म-प्रकाश से और कुछ बने या न बने, किन्तु एक कलाकार के लिए यह परमानन्द का कारण तो है ही। जैसे मन्द पवन हंस के पंखों को ऊपर उड़ा ले जाता है, वैसे ही परमानन्द की यह अनुभूति एक कलाकार की आत्मा को भीतर शरीर से परे उठा ले जाती है। प्राचीन मनुष्य द्वारा गुहा-भित्ति पर अंकित हिरन के चित्र को ही लीजिए। जब मनुष्य के हृदय से निकलकर वह हिरन अचल शिला पर दौड़ने लगा तब उसके साथ उस मनुष्य की आत्मा ने कितनी उड़ानें भरी होंगी। उस मनुष्य की अनुभूति का वह प्रतीक जब उसके मित्रों के हृदयों को भी पुलकित करने लगा तब यों भी उसके निकट खिंच आने लगे। इस प्रकार जो केवल एक व्यक्ति की आत्मा का प्रकाश था, उसका एक सामाजिक मूल्य उत्पादन हो गया।

9

पद्मा सचदेव

डोगरी का आदिम राग

डोगरी

डोगरी और हिन्दी की कवयित्री पद्मा सचदेव का जन्म 17 अप्रैल, 1940 को जम्मू-कश्मीर में हुआ था। उनके पिता प्रो. जयदेव शर्मा डोगरी के साथ-साथ हिन्दी और संस्कृत के जाने-माने विद्वान थे। देश के विभाजन के समय हुए सांप्रदायिक दंगों में पद्मा जी ने अपने पिता को 7 वर्ष की अल्पायु में ही खो दिया था। पर पिता द्वारा मिला भाषाई संस्कार उनकी वास्तविक पैतृक संपत्ति बना। समय के साथ उनका भाषाई संस्कार और अपनी भाषा के प्रति लगाव और समर्पण बढ़ता गया। मातृभाषा डोगरी के लिए लिखी गई इन पंक्तियों को देखिए—

दिन निकेलया जां समाधि जोगिऐ ने खोली ऐ
संझ घिरदी आई जां लंघी, गैई कोई डोली ऐ
कोल कोई कूकी ऐ जांकर व्याणा हस्सेया
बोल्दा लंघी गेया कोई डोगरे दी बोली ऐ।
(डोगरी)

दिन निकला या समाधि योगी ने खोली है
शाम घिरती आई या कोई डोली गली में से निकली

कोई कोयल कुँहकी या कोई बच्चा हँसा

या कोई गली में से डोगरी बोलता हुआ चला गया।

इनका पालन-पोषण इनकी माँ ने किया। अपनी आत्मकथा 'चित्त चेते' में अपनी माँ से जुड़ा एक किस्सा सुनाती हैं कि "मैंने हर उस बात पर, जो गलत है, स्टैंड लिया है और झगड़ा किया है। एक इंस्पेक्टर थीं मिसेज ठुसु। मेरी माँ टीचर थीं बाजार कसाबा स्कूल जम्मू में। माताजी बहुत कम पढ़ी थीं। वो क, ख, ग ही पढ़ पाती होंगी। पिताजी ने इतना ही उन्हें पढ़ाया था। पिताजी की मृत्यु के बाद ही वो वहाँ टीचर लगी थीं। एक बार मिसेज ठुसु ने सब टीचरों को डाँटा। उसके बाद मेरी माँ घर रोती-रोती आईं। मैंने माँ को कलेजे से लगा लिया बोला - बताओ क्या बात है? उन्होंने कहा कि मुझे मिसेज ठुसु ने डाँटा है। अब मैं नौकरी नहीं करूँगी। उन दिनों मेरे पिताजी की पेंशन की बात चल रही थी। उस वक़्त पेंशन और नौकरी दोनों साथ नहीं मिलती थी तो मैंने माँ से कहा कि कल से आप स्कूल नहीं जाएँगी, बस और मैं मिसेज ठुसु के घर चली गई जो इंस्पेक्टर थीं। वो मुझे स्कूल से जानती थीं। वो जानती थीं कि मैं पद्मा शर्मा हूँ। जब मैं उनके घर गई तो वो घर पर नहीं थीं। मैं उनके घर के बाहर इंतजार कर रही थी। जब वो आईं तो पूछा - पद्मा तुम यहाँ क्या कर रही हो? मैंने कहा कि जिन औरतों को आपने बाजार कसाबा में डाँटा था, उनमें एक मेरी माँ भी थीं, जो प्रोफेसर जयदेव शर्मा की पत्नी हैं। मैं सिर्फ आपको यह बताना चाहती हूँ कि ये मत भूलिए कि आप भी इसी में से होकर आईं हैं। आपके पति की मृत्यु भी 1947 के दंगों में हुई थी। आपने जो भोगा है, मेरी माँ ने उससे कहीं ज्यादा भोगा है। हम तीन बच्चे हैं और वो 22 साल की एक औरत हैं। आपने उसको डाँटा, मेरी माँ आपके स्कूल में नौकरी नहीं करेगी। उन्होंने कहा, बात तो सुन। मैंने कहा, मैंने नहीं सुननी और मैं भाग गई। मैं समझती हूँ कि ज़िन्दगी में ये मेरा सबसे बड़ा विद्रोह था जो मैंने किया था। फिर मेरी माँ वहाँ नहीं गई और मेरे पिताजी की पेंशन लग गई। फिर हम लोगों को माँ ने ही पाला।"

चौदह वर्ष की अल्पायु में लिखी गई उनकी कविता 'राजे दीयां मंडियां' डोगरी की एक क्लासिक कविता मानी गई और डोगरी कविताओं के एक महत्त्वपूर्ण संकलनों में संकलित हुई। उनकी यह कविता सामंती व्यवस्था की आलोचना करते

हुए एक औसत गरीब डोगरा महिला की दुर्दशा को चित्रित करती है: "हमारे काँपते हाथों पर छड़ी बरसाकर जिन्होंने मेरी आँखों के सामने लुटिया भी न रहने दी, जो हमारे पिटारे खाली करके चले गये, उनकी लदी हुई घोड़ियाँ क्या आपकी हैं? ये राजा के महल क्या आपके हैं?" उनका पहला कविता संकलन 'मेरी कविता मेरे गीत' आया तो उसकी भूमिका राष्ट्रकवि रामधारी सिंह दिनकर ने लिखी। उन्होंने लिखा, "पद्मा की कविता पढ़ने के बाद मुझे अपनी कलम फेंक देनी चाहिए। पद्मा जो लिखती है वह वास्तव में सच्ची कविता है।" इसी पुस्तक पर सन् 1971 में 31 साल की उम्र में उन्हें साहित्य अकादमी पुरस्कार मिला। इतनी कम उम्र में साहित्य अकादमी का पुरस्कार पाने वाली वह सबसे पहली लेखिका थीं। सबसे पहले पाने वाली लेखिका अमृता प्रीतम थीं। 1956 में जब उन्हें यह पुरस्कार मिला था तब वह 37 वर्ष की थीं। पद्मा जी के साथ साहित्य अकादमी का पुरस्कार पाने वालों में हिन्दी में डॉ. नामवर सिंह जी थे, जिन्हें उनकी आलोचना-पुस्तक 'कविता के नये प्रतिमान' के लिए, अंग्रेजी में मुल्कराज आनंद को उनके उपन्यास 'मार्निंग फेस' के लिए और उर्दू में रशीद अहमद सिद्दीक़ी को उनकी आलोचना-पुस्तक 'ग़ालिब की शख़्सियत और शायरी' के लिए यह पुरस्कार मिला था। ये सब भारतीय साहित्य के शीर्ष लोग हैं। इन्हीं के साथ इतनी कम उम्र में यह सम्मान पद्मा जी को उनकी डोगरी काव्य-कृति के लिये मिला।

अपनी कविता के संदर्भ में वह कहती हैं, "मैंने कभी किसी बाह्य आदर्श में विश्वास नहीं किया। मेरे भाव, अनुभव, सुख-दुख, आशा-निराशा, प्यार-नफ़रत सभी के साथ मैंने अपने अंतर्जगत् को अंतर्भूत किया है। प्रकृति, लोकगीत जैसे सहज उपादानों को अपनी रचना का उत्स और प्रेरणा-स्रोत बनाया है। मैंने अपनी रचनाओं में अन्याय सहती आई भारतीय स्त्री और अपने अस्तित्व को बनाए रखने के लिए किये जाने वाले उसके संघर्ष को एक गहरे विश्वासपूर्ण गरिमा के साथ अभिव्यक्त किया है। मेरे लिए कविता, किसी व्यक्ति का सत्व है और वह उसकी मातृभाषा में ही घट सकती है। सर्जनात्मक स्तर पर मेरी लगातार यह कोशिश रही है कि डोगरी को एक व्यापकता प्रदान की जाए और उसका रचना-संसार विकसित किया जाए।"

अपने लेखन की शुरुआत के बारे में वे बताती हैं कि उनके लेखन की शुरुआत लोकगीतों से हुई। वे कहती हैं, "1947 में मेरे पिताजी नहीं रहे। एक साल बाद पिताजी की बरसी के लिए ताऊ जी हमें गाँव ले गये तो वहाँ डोगरी लोकगीतों से मेरा साबका पड़ा। मैं समझती हूँ कि मुझे लोकगीतों से बहुत मिला। उस समय जो डोगरी का लोकगीत चल रहा होता था तो उसमें मैं छंद जोड़ देती थी, बस ऐसे ही शुरू हुआ मेरा लेखन।" पद्मा जी ने किशोरावस्था में प्रेम की रौ में बहकर विद्रोही कवि वेदपाल दीप से शादी की थी। पर उनके लिए इस शादी का अनुभव बेहद तकलीफ़देह रहा। इस समय वह गम्भीर रूप से बीमार भी हुईं। बीमारी के इन तीन सालों में भी उन्होंने बहुत-सा साहित्य पढ़ा और कश्मीरी भाषा अधिकारपूर्वक बोलना सीख लिया। बीमारी से ठीक होने के बाद वो जम्मू रेडियो पर समाचार वाचिका हो गईं। बाद में ऑल इंडिया रेडियो, नई दिल्ली में डोगरी की समाचार वाचिका के रूप में नियुक्त हो गईं। यहीं 1996 में शास्त्रीय संगीतकार, गायक सुरिंदर सिंह जी के साथ उनका पुनर्विवाह हुआ। विवाह के साल-डेढ़ साल बाद वे दोनों लोग मुम्बई आकर रहने लगे। पद्मा जी ने मुम्बई में भी आकाशवाणी के लिये काम किया। मुम्बई में रहते हुए उनका परिचय धर्मयुग के संपादक धर्मवीर भारती जी से हुआ और उन्होंने उन्हें गद्य लिखने की दिशा में प्रेरित किया। वे धर्मयुग में एक स्तम्भ भी नियमित रूप से लिखने लगीं। हिन्दी में गद्य लेखन की उन्होंने जो शुरुआत की, वह क्रम लगातार जारी रहा। उपन्यास, कहानी, साक्षात्कार, आत्मकथा इत्यादि विधाओं में उन्होंने लिखा।

मुम्बई में रहते हुए उनकी मित्रता सुर-साम्राज्ञी लता मंगेशकर जी से भी हुई। वे उन्हें अपनी छोटी बहन मानती थीं। उनके आग्रह पर लता जी ने डोगरी सीखकर बहुत से डोगरी लोकगीतों को अपनी आवाज़ दी। डोगरी गीतों का वह कैसेट बहुत लोकप्रिय हुआ। उन्होंने लता जी पर एक किताब भी लिखी। इसका शीर्षक था— 'ऐसा कहाँ से लाऊँ'। लता जी की सहेली होने के कारण और उनकी माँ की भी प्रिय होने के कारण वे बहुत सी ऐसी बातें भी लिख पायीं जो अन्य लोगों को नहीं पता थीं।

पद्मा जी ने दो फिल्मों 'प्रेम पर्वत' और 'मेरा छोटा सा घर बार' के गीत भी लिखे थे। बाद में दिनकर जी के मना कर देने पर उन्होंने फिल्मों के लिए नहीं लिखा। उन्होंने उनसे अधिकारपूर्वक कहा, अच्छी भली कवयित्री हो, जूते गाँठने में क्यों

लगी हुई हो! पद्मा जी अपने मिलनसार व्यक्तित्त्व, हँसी-ठहाकों और अपने हँसमुख स्वभाव के लिए जानी जाती रही हैं, लेकिन उनके उपन्यासों 'जम्मू जो कभी शहर था' और 'अब न बनेगी देहरी' में विभाजन और अपने वतन से दर-बदर होने, जलावतनी का दर्द भी चला आया। पद्मा जी को साहित्य अकादमी पुरस्कार के अलावा सोवियत लैण्ड नेहरू पुरस्कार, हिन्दी अकादमी पुरस्कार, उत्तर प्रदेश हिन्दी अकादमी सौहार्द पुरस्कार, राजा राममोहन राय पुरस्कार, जोशुआ पुरस्कार, कबीर सम्मान, अनुवाद पुरस्कार के अलावा भारत सरकार द्वारा दिये जाने वाले सर्वोच्च नागरिक पुरस्कारों में से पद्म श्री पुरस्कार भी प्रदान किया गया।

कविता संग्रह - मेरी कविता मेरे गीत, तवी ते चन्हां, न्हैरियां गलियां, पोटा पोटा निम्बल, उत्तर बैहनी, तैंघियाँ रत्तियाँ, अक्खंर कुंड, सबद मिलावा

कहानी संग्रह - गोदभरी, बुहुरा

उपन्यास - अब न बनेगी देहरी, नौशीन, भटको नहीं धनंजय, इनबिन, जम्मू जो कभी शहर था।

साक्षात्कार - मितवाघर, दीवानखाना, अमराई, बारहदरी।

यात्रा वृत्तान्त - मैं कहती हूँ आँखिन देखी

आत्मकथा - बूँद बावडी।

सूत्र : किसी भाषा का लोकसाहित्य उस समाज की संवेदना और जन भावना का निचुड़ा हुआ सार है। अगर कोई उस भाषा में लिखना चाहता है तो उसे इस जीवंत स्रोत तक जाना चाहिए।

10

पु. ल. देशपांडे

एक कैलिडोस्कोपिक व्यक्तित्व

मराठी

महाराष्ट्र की धरती कला एवं संस्कृति के लिए बहुत उर्वर रही है। यहाँ देश के जाने-माने लेखकों और कलाकारों का जन्म हुआ। ऐसे ही एक प्रतिभासम्पन्न लेखक हैं—पुरूषोत्तम लक्ष्मण देशपांडे। उन्हें पु. ल. देशपांडे या पी.एल. देशपांडे के नाम से भी जाना जाता है। बहुमुखी प्रतिभा के धनी पु. ल. देशपांडे मराठी लेखक होने के साथ-साथ अभिनेता, संगीतकार, पटकथा लेखक, निर्देशक और एक कुशल वक्ता थे। साहित्य एवं कला उन्हें विरासत में मिली थी। उनके नाना वामन मंगेश दुभाषी ने गुरुदेव रवीन्द्रनाथ टैगोर की 'गीतांजलि' का मराठी में 'अभंग गीतांजलि' नाम से अनुवाद किया। पु. ल. देशपांडे का जन्म 8 नवम्बर 1919 को त्र्यंबक देशपांडे और लक्ष्मीबाई लक्ष्मण देशपांडे के घर मुम्बई में हुआ था।

पु. ल. देशपांडे ने पार्ले तिलक स्कूल से शिक्षा प्राप्त की। गवर्नमेंट लॉ कॉलेज, मुम्बई से एलएलबी की डिग्री ली, लेकिन कभी वकालत की प्रैक्टिस नहीं की। उन्होंने फर्ग्यूसन कॉलेज से एम.ए. की पढ़ाई की और दत्तोपंत राजोपाध्याय से हारमोनियम बजाने की शिक्षा प्राप्त की। संगीत की यह शिक्षा उनके आगे के जीवन में बहुत काम आयी। विभिन्न फिल्मों में उन्होंने गायक और संगीत निर्देशक के तौर पर काम किया।

पु. ल. देशपांडे अपने हास्य, व्यंग्य और क़िस्सागोई की ख़ास शैली के लिए जाने जाते हैं। वे देश के पहले स्टैंड-अप कॉमेडियन थे। उनके बारे में कहा जाता है कि वे रोते हुए लोगों को भी हँसा सकते थे। उनकी बनाई फिल्में और उनका साहित्य हास्य, विद्रूप और करुणा तीनों ही भावों का उद्रेक करने का सामर्थ्य रखती हैं। हालाँकि उन्हें प्रसिद्धि उनकी हास्य रचनाओं के लिए ही अधिक मिली। पु. ल. की रचनाओं की जड़ें मराठी भाषी समाज और संस्कृति में गहरे तक धँसी हुई हैं। पु. ल. का एक महत्वपूर्ण योगदान उनके द्वारा किये गये अनुवाद हैं। इसका एक सुंदर उदाहरण है उनके द्वारा किया गया निकोलाई गोगोल के नाटक का मराठी अनुवाद 'अमंलदार'। मूल रूप से यह निकोलाई वसील्योविच गोगोल द्वारा रूसी में लिखा गया था। 'अंमलदार' नाटक की कहानी काफी रोचक है। एक पोस्ट मास्टर रहता है जिसे दूसरों की चिट्ठियाँ खोलकर पढ़ लेने की आदत है। वह इसी तरह एक चिट्ठी पढ़ता है। उसे पता चलता है कि गाँव में एक इंस्पेक्टर आने वाला है। सभी भ्रष्टाचारी डर जाते हैं। उसी समय गाँव में शहर से जमींदार का बिगड़ैल लड़का आया। सभी उसे ही इंस्पेक्टर (अंमलदार) समझ लेते हैं और उसकी खुशामद करने लगते हैं। वह शहर में अपने बहुत से पैसे गँवाकर और कर्ज में डूबा हुआ यहाँ आया है। वह इन लोगों की गलतफहमी का फायदा उठाकर काफी पैसे ऐंठता है। अपना कर्ज चुकाने के लिए वह शहर में अपने एक दोस्त को पैसों के साथ यहाँ का सारा हाल लिख भेजता है। फिर यह चिट्ठी उसी पोस्ट मास्टर के पास पहुँचती है और वह इसे खोलकर पढ़ लेता है। सर्जेराव का भांडा फूट जाता है। पु. ल. ने अपने अनुवाद से इसे इतना जीवंत और सामयिक बना दिया है कि लगता है जैसे यह रचना मूल रूप से मराठी में ही लिखी गई हो।

नाटक की लोकप्रियता इतनी थी कि पु.ल.देशपांडे ने इसके लगातार कई मंचन किये। वह खुद भी सर्जेराव की भूमिका करते थे। यह नाटक लॉसएंजेल्स में भी मंचित हुआ और उनकी प्रसिद्धि का हिस्सा बना। सन् 1953 ई. में पु.ल. ने 'अंमलदार' फिल्म बनाई, जिसमें उन्होंने अभिनय भी किया।

पु. ल. ने मराठी जनमानस की व्यथा और संघर्षों को शब्द दिया है। वह महाराष्ट्र में हर वर्ग के बीच लोकप्रिय रहे इसलिए ही उन्हें महाराष्ट्र का लाडला भी

कहा जाता है। उनके द्वारा बच्चों के लिए लिखी गई एक कविता 'नाच रे मोर' आज भी महाराष्ट्र में काफी लोकप्रिय है। मराठी के अलावा वह अंग्रेजी और कन्नड़ के भी ज्ञाता थे और अक्सर अलग-अलग तरह की संस्कृतियों का मेल उनके लेखन और निर्देशन में दिखता है। वह रवीन्द्रनाथ टैगोर के इतने बड़े प्रशंसक थे कि उनकी गीतांजलि पढ़ने के लिए उन्होंने बांग्ला सीखी। पु. ल. ने दूरदर्शन के लिए भी काम किया था और दूरदर्शन के लिए काम करते हुए उन्होंने देश के पहले और तत्कालीन प्रधानमंत्री श्री जवाहरलाल नेहरू का इंटरव्यू लिया था। टीवी पर इंटरव्यू लेने की शुरुआत करने वाले वे पहले व्यक्ति थे।

भारत सरकार द्वारा उन्हें सन् 1990 में कला के क्षेत्र में महत्वपूर्ण योगदान के लिए पद्मभूषण से सम्मानित किया गया। पुण्यभूषण (1993), पद्मश्री (1966), साहित्य अकादमी पुरस्कार (1965), संगीत नाटक अकादमी पुरस्कार (1967), संगीत नाटक अकादमी फेलोशिप (1979), महाराष्ट्र भूषण पुरस्कार प्राप्त हुआ। मराठी साहित्य में उनके योगदान को रेखांकित करने के लिए महाराष्ट्र सरकार ने वर्ष 2002 में पु.ल. देशपांडे महाराष्ट्र कला अकादमी की स्थापना की।

मराठी भाषा में पु. ल. की लोकप्रियता का आलम यह है कि 2020 में गूगल ने उनका डूडल बनाया था। उन्होंने एक ही साथ अनेक कला माध्यमों में काम किया। उनका कलाकर्म देखकर ऐसा लगता है जैसे पु. ल. कोई एक व्यक्ति न होकर एक कलासंस्थान हैं। उनकी किताबें, उनका अभिनय, उनके टॉक शो, उनकी फ़िल्में, उनके गीत- हर क्षेत्र में वह लोकप्रियता की मिसाल हैं।

उनकी लोकप्रियता का कारण उनकी कहनभंगिमा और सहजता तो है ही, लेकिन सबसे बड़ा कारण है उनके लेखन का सामाजिक आधार। पु. ल. के लेखन से लेकर फ़िल्मों तक के अधिकांश पात्र सामान्य जीवन से आते हैं। वे आम लोग हैं। ऑटो वाले, झुग्गी के लोग, मज़दूर, पेपर डालने वाले सामान्य लोग जोऐसे तो से कैमरे और राजनीति की नज़रों से ओझल रहते हैं पर उनकी ... कलम पाते ही जाग उठते हैं। उनके साथ उनका समाज, उनका जीवन, दुख-दर्द सब कुछ आता है और इस तरह वह सिर्फ़ हास्य और व्यंग्य न रहकर गहरा राजनीतिक स्टेटमेंट बन जाता है।

क्या आप जानते हैं?

अमीर ख़ुसरो और रवीन्द्रनाथ टैगोर के बाद साहित्य व संगीत में एकसाथ सिद्धहस्त रचनाकार का नाम बताइए?

निश्चय ही एक नाम पु. ल. देशपांडे का होगा। साहित्य के साथ संगीत, नाटक, अभिनय, निर्देशक और अन्य कलामाध्यमों में एक साथ काम किया। बहुत कम लोग जानते होंगे कि मराठी के अनेक लोकप्रिय गीतों का संगीत पु ल का दिया हुआ है। मराठी के लोकप्रिय बालगीत 'नाच रे मोरा' का संगीत भी इन्हीं का दिया हुआ है।

11

महाश्वेता देवी

हाशिये का दर्द

बांग्ला

महाश्वेता देवी को साहित्य विरासत में मिला था। उनके माता-पिता भी साहित्यकार थे। महाश्वेता देवी ने साहित्य की विरासत को अपनी अगली पीढ़ी तक बढ़ाया और उनके बेटे नवारुण भट्टाचार्य बंगाली क्रांतिकारी और रेडिकल सौंदर्यशास्त्र के प्रतिबद्ध लेखक कवि हुए। महाश्वेता उन साहित्यकारों में थीं जिनका प्रभाव साहित्य के सीमित इदारों से निकलकर आम समाज पर पड़ता है। उनका व्यक्तित्व दुनिया के मजलूमों के पक्ष का प्रतीक था।

महाश्वेता देवी का जन्म 14 जनवरी, 1926 को अविभाजित भारत के ढाका में हुआ था। उनके पिता मनीष घटक एक प्रसिद्ध कवि और उपन्यासकार थे। उनकी माँ धारित्री देवी भी सुपरिचित लेखिका और सामाजिक कार्यकर्ता थीं। काका ऋत्विक घटक भी साहित्यकार और दुनिया के जाने-माने फ़िल्म निर्देशक थे। उनकी स्कूली शिक्षा ढाका में हुई। भारत विभाजन के समय उनकी किशोरवस्था में ही उनका परिवार पश्चिम बंगाल में बस गया। वह सन् 1936 में शांतिनिकेतन गईं जहाँ उन्हें कई श्रेष्ठ शिक्षक मिले। उनमें से एक आचार्य हजारीप्रसाद द्विवेदी थे, जो उन्हें हिंदी पढ़ाते थे। सन् 1937 में गुरुदेव रवींद्रनाथ ठाकुर ने बांग्ला की क्लास ली थी। सन् 1939 में बेलतला स्कूल में महाश्वेता की शिक्षिका थीं—अपर्णा सेन। उनके बड़े भाई खगेंद्रनाथ सेन 'रंगमशाल' निकालते थे। उन्होंने एक दिन

रवींद्रनाथ की पुस्तक 'छेलेबेला' देते हुए महाश्वेता से उस पर कुछ लिखकर देने को कहा। महाश्वेता ने लिखा और वह 'रंगमशाल' में छपा भी। यह महाश्वेता की पहली रचना थी। स्कूली जीवन में ही महाश्वेता ने राजलक्ष्मी और धीरेश भट्टाचार्य के साथ मिलकर एक हस्तलिखित पत्रिका निकालना शुरू किया— 'छन्नछाड़ा'।

1942 में घर के सारे कामकाज करते हुए महाश्वेता ने मैट्रिक की परीक्षा पास की। उस वर्ष (1942) भारत छोड़ो आंदोलन ने महाश्वेता के किशोर मन को बहुत उद्वेलित किया। जब 1943 में बंगाल का अकाल पड़ा तब महिला आत्मरक्षा समिति के नेतृत्व में उन्होंने राहत और सेवा कार्यों में बढ़-चढ़कर हिस्सा लिया। अकाल के बाद महाश्वेता ने कम्युनिस्ट पार्टी के मुखपत्र 'पीपुल्स वार' और 'जनयुद्ध' बेचा। पर वह पार्टी-सदस्य कभी नहीं रहीं।

शांतिनिकेतन से 1946 में अंग्रेजी में स्नातक करने के साल भर बाद 1947 में प्रख्यात रंगकर्मी विजन भट्टाचार्य से उनका विवाह हुआ। विजन कम्युनिस्ट पार्टी के सदस्य थे। वह समय कम्युनिस्टों के लिए बहुत मुश्किलों भरा था। उन्हें अन्न-वस्त्र जुटाने के लिए काम ढूँढने में काफी मुश्किलें पेश आती थीं। 1948 में पदमपुकुर इंस्टीट्यूशन में अध्यापन कर महाश्वेता ने घर का खर्चा चलाया। उसी वर्ष नवारुण भट्टाचार्य का जन्म हुआ। सन् 1949 में महाश्वेता को केंद्र सरकार के डिप्टी एकाउंटेट जनरल, पोस्ट एंड टेलीग्राफ ऑफिस में क्लर्क की नौकरी मिली। चूँकि पति कम्युनिस्ट थे इसलिए एक वर्ष के भीतर ही उनकी नौकरी चली गई। अतुल गुप्त के नोटिस के दबाव में महाश्वेता की बहाली फिर से हुई, लेकिन इस बार महाश्वेता की दराज में मार्क्स और लेनिन की किताबें रखकर कम्युनिस्ट होने का आरोप लगाकर उन्हें दोबारा नौकरी से हटा दिया गया। फिर महाश्वेता ने कभी साबुन बेचकर तो कभी ट्यूशन करके घर का खर्चा चलाया। यह क्रम 1957 में रमेश मित्र बालिका विद्यालय में मास्टरी मिलने तक चला।

बाद में उन्होंने कोलकाता विश्वविद्यालय से अंग्रेजी में स्नातकोत्तर किया। कोलकाता विश्वविद्यालय से अंग्रेजी साहित्य में मास्टर डिग्री प्राप्त करने के बाद उन्होंने एक शिक्षक और पत्रकार के रूप में अपना जीवन शुरू किया। तदुपरांत उन्हें कलकत्ता विश्वविद्यालय में अंग्रेजी व्याख्याता की नौकरी मिल गयी जहाँ से लेखन

पर ध्यान केंद्रित करने के लिए उन्होंने 1984 में स्वैच्छिक सेवानिवृत्त ले ली। अपने दिल का यही काम करते हुए 28 जुलाई, 2016 को कोलकाता में उनका देहावसान हो गया।

महाश्वेता जी ने कम उम्र में लेखन का कार्य शुरू किया और विभिन्न साहित्यिक पत्रिकाओं के लिए लघु कथाओं का महत्वपूर्ण योगदान दिया। उनका पहला उपन्यास 'नाती' 1957 में प्रकाशित हुआ। 'झाँसी की रानी' महाश्वेता देवी की प्रथम गद्य रचना है जिसका प्रकाशन 1956 में हुआ था। 'अरण्येर अधिकार', 'नैऋते मेघ', 'अग्निगर्भ', 'गणेश महिमा', 'हाजार चौरासी की माँ', 'चोट्टि मुण्डा एबं तार तीर', 'शालगिरार डाके', 'नीलछबि', 'बन्दोबस्ती', 'आइ.पी.सी.-३७५', 'साम्प्रतिक', 'प्रति चुयान्न मिनिटे', 'मुख', 'कृष्णा द्वादशी', 'बेने बौ', 'मिलुर जन्य', 'घोरानो सिंडि', 'स्तनदायिनी', 'लायली आशमानेर आयना', 'आँधार मानि'क, 'याबज्जीबन', 'शिकार पर्ब', 'अग्निगर्भ', 'ब्रेस्ट गिभार', 'डास्ट अनद्य रोड', 'आओयार नन-भेज का'उ, 'बासाइ टुडु', 'तितु मीर', 'रुदाली', 'उनत्रिश नम्बर धारार आसामी', 'प्रस्थानपर्ब', 'ब्याधखन्ड' आदि उनके विख्यात उपन्यास हैं। महाश्वेता देवी के उपन्यास 'रुदाली' पर कल्पना लाज़मी ने 'रुदाली' तथा 'हजार चौरासी की माँ' पर इसी नाम से 1998 में फिल्मकार गोविन्द निहलानी ने फ़िल्म बनाई।

महाश्वेता देवी को 1979 में साहित्य अकादमी पुरस्कार, 1986 में पद्मश्री और 1997 में नेल्सन मंडेला के हाथों ज्ञानपीठ पुरस्कार, 2006 में पद्म विभूषण और 2011 में बंग बिभूषण पुरस्कार से सम्मानित किया गया। वह ऐसी पहली लेखिका थीं जिन्होंने दक्षिण अफ्रीकी अश्वेत आंदोलन के महान नेता नेल्सन मंडेला के हाथों ज्ञानपीठ पुरस्कार ग्रहण किया। इस पुरस्कार में मिले 5 लाख रुपए उन्होंने बंगाल की पुरुलिया आदिवासी समिति को दे दिया था।

साहित्य अकादमी से पुरस्कृत इनका उपन्यास 'अरण्येर अधिकार' आदिवासी नेता बिरसा मुंडा की गाथा है जबकि 'अग्निगर्भ' में नक्सलबाड़ी आदिवासी विद्रोह की पृष्ठभूमि में लिखी गई चार लंबी कहानियाँ हैं। महाश्वेता देवी की कई रचनाओं में भारत ... की अधिसूचित जनजातियों, आदिवासी, दलित, शोषित, वंचित समुदाय के स्वर बहुत प्रभावी ढंग से उभरे हैं। उन्होंने मेहनत व ईमानदारी के बलबूते अपने

व्यक्तित्व को निखारा। उन्होंने अपने को एक पत्रकार, लेखिका, साहित्यकार और आंदोलनधर्मी के रूप में विकसित किया।

महाश्वेता देवी की लघु कथा 'द्रौपदी' भी नक्सल आंदोलन पर है। उन्होंने यह कहानी 1978 में लिखी थी। इस कहानी के केंद्र में पश्चिम बंगाल की संथाल जनजाति की एक आदिवासी महिला द्रौपदी है। द्रौपदी पर नक्सली होने का आरोप है। नक्सली होने के आरोप में पुलिस द्रौपदी को पकड़ लेती है। जानकारी हासिल करने के लिए उसका भयानक उत्पीड़न होता है। यहाँ तक कि एक पुलिस अधिकारी अपने कुछ सिपाहियों को द्रौपदी के साथ बलात्कार करने का भी निर्देश देता है। बलात्कार के बाद सिपाही उसे वापस कपड़े पहनने को कहते हैं ताकि उसे अधिकारी के पास ले जाया जा सके, लेकिन वह कपड़े पहनने से इनकार कर देती है। इतना ही नहीं उसके तन पर जो कपड़े थे, उन्हें फाड़ देती है। वह बिना कपड़े के ही पुलिस अधिकारी के सामने चली जाती है। द्रौपदी अधिकारी के सामने चीख कर कहती है, "मैं कपड़े क्यों पहनूँ, यहाँ पर कोई इंसान ऐसा नहीं जिससे मैं शर्माऊं।" द्रौपदी के इस रूप को देखकर वहाँ मौजूद लोगों को झुरझुरी छूट जाती है। इस लघुकथा में स्त्री शक्ति का प्रदर्शन है। यह चरित्र पितृसत्ता के ख़िलाफ़ लड़ाई लड़ता है। एक ग़रीब आदिवासी लड़की तमाम यातनाएँ सहन करती है, मगर हार नहीं मानती।

महाश्वेता देवी ने बंगाल की दो जनजातियों 'लोधास' और 'शबर' पर बहुत महत्त्वपूर्ण काम किया है। उन्होंने अपना पूरा जीवन और साहित्य, आदिवासी और भारतीय जनजातीय समाज को समर्पित कर दिया। इसलिए नौ कहानी संग्रहों में से आठ कहानियों के केन्द्र में आदिवासी हैं जो आज भी समाज की मुख्यधारा से कटकर जी रहे हैं। पीड़ा के ये स्वर उनकी रचनाओं में साफ-साफ सुनाई पड़ते हैं। उनकी कुछ महत्वपूर्ण कृतियों में 'अग्निगर्भ', 'जंगल के दावेदार' और '1084 की माँ' हैं।

'जंगल के दावेदार' उपन्यास में बिरसा भीषण और गम्भीर स्वर में कहता है- "हमारा युग आ गया है। तुम लोगों को मैं देश लौटा दूँगा। हमारे राज में खेत-खेत के बीच में मेड़ें नहीं होंगी। पूरी धरती सबकी है। पूरी खेती एक साथ होगी। सारी खेती सबकी होगी। अगर उठाकर हाथ में कोई फसल दे भी दे तो भी मेरे राज में

कोई मुण्डा अकेले मालिक न होगा. मेरे राज में लड़ाई न रहेगी। धर्म का राज होगा। हमारे पुरखों ने जिस तरह धर्म के अनुसार राज किया, अपने राज में हम वैसे ही राज करेंगे। लाठियों और हथियारों से राज नहीं चलाएंगे।"

सूत्र : समाज में अंतिम व्यक्ति से लगाव गांधीवाद का आदर्श है, लेकिन उसे न्याय दिलाने का सक्रिय संघर्ष मार्क्सवाद। महाश्वेता देवी के लिए यह अंतिम व्यक्ति आदिवासी थे और उसे न्याय दिलाने का हथियार था--भाषा। उनका पूरा साहित्य ही अंतिम जन के पक्ष का हथियार है।

क्या आप जानते हैं?

बांग्ला के चर्चित दलित लेखक मनोरंजन ब्योपारी को कहानी लिखना महाश्वेता देवी ने सिखाया।

दरअसल मनोरंजन ब्योपारी को नक्सलवाद के आरोप में 26 महीने जेल में बिताने पड़ा। वहीं उन्होंने लिखना पढ़ना सीख लिया और बाहर निकलकर रिक्शा चलाने लगे। रिक्शा चलाते समय अचानक एक महिला यात्री से मुलाक़ात हुई और उनके जीवन की दिशा ही बदल गई। वह महिला थीं जानी-मानी लेखिका महाश्वेता देवी।

मनोरंजन ने हिम्मत जुटाते हुए उस महिला यात्री से जिजीविषा शब्द का अर्थ पूछा। इससे वह महिला हैरत में रह गई। उसने शब्द का अर्थ तो बताया ही, रिक्शेवाले के अतीत के पन्ने भी पलटे।

महाश्वेता ने उस रिक्शेवाले से अपनी पत्रिका 'बार्तिका' में अब तक के जीवन और संघर्ष की कहानी लिखने को कहा और उसे अपना पता भी बताया। वह साल था 1981। अब देश के शीर्ष साहित्यकारों में शुमार वो रिक्शाचालक मनोरंजन बताते हैं, "महाश्वेता देवी से उस मुलाक़ात ने मेरी जीवन की दशा-दिशा ही बदल दी। अगर उनसे मुलाक़ात और बात नहीं हुई होती तो मैं शायद अब तक रिक्शा ही चला रहा होता।" महाश्वेता देवी की पत्रिका में छपने के बाद धीरे-धीरे उनके लेख कई बांग्ला पत्र-पत्रिकाओं में छपने लगे और पूरा बंगाल उनको पहचानने लगा।

12

यू आर अनंतमूर्ति

बिना बराबरी के असंभव है मुक्ति

कन्नड़

यू. आर. अनंतमूर्ति कन्नड़ के प्रसिद्ध साहित्यकार, आलोचक और शिक्षाविद् थे। उन्हें कन्नड़ साहित्य के नव्या आंदोलन का प्रणेता माना जाता है। वह एक अति संस्कारी ब्राह्मण परिवार में पले बढ़े। इस तरह रूढ़ धार्मिक संस्कारों से निकलकर आधुनिक वैज्ञानिक चेतना से लैस साहित्यकार बनने का उनका सफ़र एक पूरी पीढ़ी का सफ़र है। उस पीढ़ी का जिसने औपनिवेशिक भारत के उतार के दौर से जीवन शुरू कर पहले एक बहुलतावादी लोकतान्त्रिक भारत को बनते देखा है और फिर 1980 के बाद भारत पर बढ़ता सांप्रदायिक हमला भी देखा। शुद्ध-अशुद्ध, ऊँच-नीच की अवधारणा पर टिके वर्णवाद का प्रतिकार उनके लेखन का प्रतिनिधि स्वर बन के उभरता है। अनंतमूर्ति वर्णवाद की आलोचना का हथियार अक्सर उसके अंदर की अमानवीयता और अंतर्विरोधों को बनाते हैं और उसकी मूल मान्यताओं के पीछे की राजनीति का उद्घाटन करते हैं। वह दिखाते हैं कि वर्णवादी पाखंड अंदर से कितना खोखला है। उनकी सोच समाजवादी और उदारवादी थी।

यू. आर. अनंतमूर्ति का जन्म सन् 1932 में शिमोगा जिले (मैसूर) के तिर्थहल्ली ताल्ल्का के मेलिज गाँव में हुआ। उनकी शिक्षा दुर्वासापुरा के पारंपरिक संस्कृत पाठशाला में शुरू हुई। इसके बाद की शिक्षा तिर्थहल्ली और मैसूर में हुई। मैसूर विश्वविद्यालय से परास्नातक की उपाधि हासिल करने के बाद आगे के अध्ययन के लिए वह राष्ट्रमंडल छात्रवृत्ति लेकर इंग्लैंड चले गए।

अनंतमूर्ति वर्षों तक मैसूर विश्वविद्यालय में अंग्रेजी के प्रोफेसर रहे। सन् 1987 से 1991 तक वे केरल के महात्मा गांधी विश्वविद्यालय के कुलपति रहे। सन् 1992 में नेशनल बुक ट्रस्ट के अध्यक्ष बनाए गए। दो बार पुणे स्थित फिल्म और टेलीविजन इंस्टीट्यूट के चेयरमैन बने। सन् 2012 में कर्नाटक के केंद्रीय विश्वविद्यालय के कुलाधिपति बनाए गए।

डॉ. अनंतमूर्ति ने अपना साहित्यिक जीवन कथा संग्रह 'इंडेनढ़िगु मुघियाडा कथे' से शुरू किया। तब से उनके पाँच उपन्यास, एक नाटक, छह कथा संग्रह, चार कविता संग्रह और दस निबंध संग्रह कन्नड़ में प्रकाशित हो चुके हैं और अंग्रेजी साहित्य में भी उन्होंने महत्त्वपूर्ण काम किए हैं। वह अपने लेखन से न सिर्फ भारत बल्कि विश्व साहित्य में उल्लेखनीय स्थान रखते हैं। उनकी कई कृतियाँ भारतीय भाषाओं के अलावा अंग्रेजी, फ्रेंच, रूसी, जर्मन और बुलगेरियन आदि विश्व की प्रमुख भाषाओं में भी अनूदित हो चुकी हैं। उनके प्रमुख उपन्यास 'संस्कार', 'अवस्थ और भवः' आदि हैं। प्रमुख कहानियों में 'एंदेन्दु मुगियद', 'कथे और मौनी' आदि का ख़ासतौर से उल्लेख किया जाता है। कविता संग्रहों में 'पदयाग्लु', 'मिथुना', अज्जाना हेगला सुक्कुगलु', 'बावली', और नाटकों में 'सन्निवेश', 'प्रज्ञे', 'मत्तु परिसर', 'पूर्वापर', 'आवाहने' आदि ख़ास चर्चित हैं।

यू आर अनंतमूर्ति को सन् 1994 में ज्ञानपीठ पुरस्कार प्रदान किया गया। सन् 2004 में साहित्य अकादमी फेलोशिप और 2008 में नडोजा पुरस्कार (कनाडा विश्वविद्यालय द्वारा)। साहित्य एवं शिक्षा के क्षेत्र में उल्लेखनीय योगदान के लिए सन् 1998 में भारत सरकार द्वारा इन्हें पद्म भूषण से सम्मानित किया गया था।

यू.आर. अनंतमूर्ति ने हिंदू समाज में जाति की केंद्रीयता को पहचाना। जब वह 1965 में अपने उपन्यास 'संस्कार' के साथ कन्नड़ के साहित्य क्षितिज पर प्रकट हुए, तो एक धमाका-सा हुआ। लेखक स्वयं ब्राह्मण था और ब्राह्मण समाज के पाखंड को बड़ी तल्खी के साथ उजागर कर रहा था। यह साहित्य के साथ-साथ एक सामाजिक घटना भी थी। इसी से कन्नड़ साहित्य में "नव्या" आंदोलन की शुरुआत मानी जाती है जिसने कन्नड़ लेखकों के दो वर्ग बना दिए। एक वर्ग भैरप्पा जैसे परंपरावादी लेखकों का जो वृहत सामाजिक वृत्त प्रस्तुत करते हुए भी भारतीय समाज में उभर

रहे अंतर्द्वंद्वों का साक्षी नहीं बनना चाहते थे। और वर्ग दूसरा अनंतमूर्ति जैसे लेखकों का था, जो नए और प्रगतिशील मूल्यों के साथ थे।

उनका उपन्यास 'संस्कार' ब्राह्मणवादी मूल्यों और सामाजिक व्यवस्था की भर्त्सना करता है। उपन्यास में एक ब्राह्मण पुजारी की एक निचली जाति से संबंध रखने वाली वेश्या के घर में मौत हो जाती है। इस पर गाँव में पुजारी के अंतिम क्रियाकर्म पर चलने वाली बहस से सामाजिक व्यवस्था को सामने लाया गया है। 'संस्कार' उपन्यास के लिए यू आर अनंतमूर्ति को ब्राह्मण समुदाय का भारी विरोध झेलना पड़ा। बाद में 'संस्कार' पर पट्टाभि रामा रेड्डी ने एक फ़िल्म बनाई जिसने कई पुरस्कार जीते। उनकी अन्य मशहूर कृतियों में 'भव', 'भारतीपुर', 'बारा और अवस्थ' शामिल हैं।

अनंतमूर्ति पर किसी तरह की आलोचना का कभी कोई असर नहीं हुआ। उनकी सोच समाजवादी और उदारवादी थी। अनंतमूर्ति सही अर्थों में एक आधुनिक लेखक हैं जो विभिन्न विधागत रूढ़ियों को समाप्त करना चाहते थे। उन्होंने जिस भी विधा को छुआ उसे बदलकर नवीन साँचे में ढाल दिया। यही कारण है कि उनके कथा साहित्य का 'गद्य' उनके 'पद्य' के साथ घुलमिल जाना चाहता है। अनंतमूर्ति के लिए लेखन कर्म सदैव वास्तविक यथार्थ को अभिव्यक्त करने की प्रक्रिया रहा है। प्रश्नों के घेरे में स्वयं को तलाश करने का यही उनका तरीका है। उनका उपन्यास 'संस्कार' भी इसी तरह के अनेकार्थक जटिल रूपकों से परिपूर्ण है, हालाँकि इस उपन्यास की संरचना जिस दार्शनिक दृष्टि से की गई है, वह ब्राह्मणवादी मूल्यों और सामाजिक व्यवस्था की भर्त्सना करती है।

आधुनिक कन्नड़ साहित्य की गौरवशाली परम्परा के निर्माण में दो परस्पर विरोधी समानांतर मत साथ सक्रिय रहे हैं- वैज्ञानिक बुद्धिवाद व रहस्यात्मक अंत: प्रज्ञावाद, आक्रामक अतिवाद व मानवतावादी रूढ़िवाद। इन विरोधी दृष्टिकोणों के जटिल सह-अस्तित्व का उदाहरण यू आर अनंतमूर्ति के सृजनात्मक काल में एक बड़ी परम्परा के सार-रूप में देखा जा सकता है। किसी भी परम् में विश्वास न करनेवाले अनंतमूर्ति ने इस परम्परा को उसकी पूरी महिमा और तनाव के साथ ग्रहण किया है। अनंतमूर्ति की संपूर्ण सृजनात्मक यात्रा एक क्रुद्ध विद्रोही युवा से प्रारम्भ

होकर पारंपरिक रूढ़ियों से मुक्त मानवतावादी लेखक तक की महान रचनात्मक यात्रा है।

अनंतमूर्ति के लिए लेखन वास्तविकता को अभिव्यक्त करने की प्रक्रिया है। प्रश्नों के घेरे में स्वयं को तलाश करने का भी उनका यही तरीका है। उनके पास जीवन के दुखद एवं त्रासद अनुभवों के माध्यम से रूपक रचने का जादुई कौशल है। सांस्कृतिक विवेचना के दौरान जीवन और दर्शन सम्बन्धी मुद्दों पर उन्होंने अपने विचार बड़ी निर्भीकता और साहस के साथ प्रस्तुत किए।

उनका सांस्कृतिक आलोचनात्मक लेखन सुस्पष्टता, सुंदरता और अभिव्यक्ति की गहनता का उत्कृष्ट उदाहरण है। लेकिन जब वह समस्याओं पर अपने सृजनात्मक कथा साहित्य के माध्यम से विचार करते हैं, तब उनके भीतर के सामाजिक दर्शनशास्त्री का कठोर आग्रह समाप्त हो जाता है और उसकी जगह ज्ञानमीमांसक जटिल और एक बहुआयामी छवि आकार ले लेती है। यही प्रक्रिया उनकी रचनाओं में परिलक्षित होती है। उनका उपन्यास 'संस्कार' भी इसी तरह के अनेकार्थक जटिल रूपकों से परिपूर्ण है, हालाँकि इस उपन्यास की संरचना जिस दार्शनिक दृष्टि से की गयी है, वह वर्णवादी मूल्यों और सामाजिक व्यवस्था की भर्त्सना करती है। अनंतमूर्ति का कहना है कि संकीर्णता के सामाजिक ख़तरों पहचानते और उससे लड़ने की प्रक्रिया में ही उनका सृजन संभव होता था। वह निष्क्रिय आलोचना के पक्षधर नहीं, बल्कि सक्रिय प्रतिरोध के झंडाबरदार थे। वह जनता के साथ खड़े सच्चे बुद्धिजीवी थे।

सूत्र : अनन्तमूर्ति के सम्पूर्ण रचनात्मक जीवन से यह सीख मिलती है कि अगर रचनाकार का व्यक्तित्व तमाम सामाजिक रूढ़ियों, पाखंड और अमानवीयता से मुक्त नहीं है तो वह अपने ही अहंकार में घूमता रहेगा और किसी भी मुक्तिकामी महान रचना का सृजन असंभव हो जाएगा।

13

रहमान राही

कश्मीरियत की नज़र से

कश्मीरी

कश्मीरी भाषा के प्रसिद्ध कवि रहमान राही अपनी भाषा से बेहद प्यार करते हैं। उन्हें इस भाषा के शब्दों में संगीत सुनाई पड़ता है। मन में अमृत और मुँह में जमजम का आभास होता है। इसकी विशेषता बताते हुए इसे दीवानी सारंगी और जीवन-संगीत कहते हैं। कश्मीरी भाषा ने उन्हें इतनी ऊँचाई तो दी उन्होंने भी इस भाषा को सम्मान दिलाया।

ए मेरी कश्मीरीं ज़बां

मुझे तेरी कसम

तू मेरी ख़बर, तू ही मेरी नज़र

तू ही मेरे शउर की दज़ा ओ कमां

- रहमान राही

आलोचक अब्दुल रहमान राही का जन्म 6 मई 1925 को श्रीनगर में हुआ था। उन्हें रहमान राही के नाम से अधिक जाना जाता है। बचपन में ही माता-पिता के गुज़र जाने के कारण इनका पालन-पोषण इनके मामा ने किया। राही जी की आरम्भिक शिक्षा श्रीनगर और जम्मू से हुई। पंजाब विश्वविद्यालय लाहौर से उन्होंने उर्दू और फ़ारसी में मैट्रिक और इण्टरमीडिएट की परीक्षाएँ उत्तीर्ण की। जब उन्होंने इण्टर की परीक्षा पास की, उस समय देश का विभाजन होने के कारण अव्यवस्था

का माहौल था। स्कूल-कॉलेज बंद चल रहे थे, इस वजह से राही जी की शिक्षा में व्यवधान आ गया। इस सबके बीच ... आर्थिक कठिनाइयों के कारण उन्होंने लोक निर्माण विभाग में क्लर्क की नौकरी कर ली। उन्होंने यह नौकरी चार महीने तक की पर उनका मन इस नौकरी में नहीं रमा। उन्होंने 'ख़िदमत' अख़बार के संपादक को पत्र लिखकर कोई नौकरी देने का निवेदन किया और इसके बाद वे ख़िदमत अख़बार में सब-एडिटर की नौकरी करने लगे। यहीं से ही उनके साहित्यिक जीवन की शुरुआत हुई।

अपने उन दिनों के बारे में वह एक इंटरव्यू में कहते हैं, "सन् 1949 में मुझे लोक निर्माण विभाग में एक आम लिपिक के रूप में नियुक्ति मिली थी। यह काम बहुत उबाऊ था। बारामूला के कार्यालय में मैंने काम किया। चार महीनें यों गुज़रे। मन वहाँ नहीं टिकता था। इधर से बचने के लिये एक उपाय सूझा। निराशा के क्षणों में मैंने उर्दू अख़बार 'ख़िदमत' के संपादक को एक पत्र लिखा। वे शेख़ अब्दुल्ला के दिली दोस्त भी थे। संपादक का नाम था मौलाना मुहम्मद सय्यद मसूदी। फ़ारसी के नामी कवि अब्दुल कादिर बेदिल की शायरी की कुछ पंक्तियाँ भी पत्र के अन्त में उद्धृत करके लिखी थीं। मुझे एक मनपसन्द काम देने का निवेदन चिट्ठी का मुख्य विषय था। चिट्ठी पढ़कर उनका मन पिघला। अख़बार में सब-एडिटर पद पर भर्ती होने का मुझे मौका मिला। वह 'ऑफर' मेरे साहित्यिक जीवन में वरदान बन गया। कुछ समय तक मैंने वहाँ सेवा की। बाद में मुझे अध्यापक के तौर पर नियुक्ति मिली। अख़बार सेवा के दौरान मैं कई लेखकों के सम्पर्क में आ सका। दीनानाथ नादिम, सोमनाथ जुत्शी, नूर मोहम्मद रोशन उनमें प्रमुख हैं।"

ख़िदमत नैशनल कांग्रेस पार्टी का मुखपत्र था। लगभग इसी समय राही जी प्रगतिशील लेखक संघ से जुड़े और प्रगतिशील लेखक संघ की साहित्यिक पत्रिका 'क्वांग पोश' के कुछ अंकों का संपादन भी किया। वह प्रगतिशील लेखक संघ से अपने जुड़ाव के बारे में बताते हैं, "कश्मीर के प्रगतिशील साहित्य आन्दोलन से मैं जुड़ गया। कुछ समय बाद मैं संघ का मन्त्री बन गया। मार्क्सवादी विचारधारा से वह संघ आगे बढ़ा। उस ज़माने की साहित्यिक सांस्कृतिक गतिविधियों को इस आन्दोलन ने एक नयी दिशा दी। किन्तु बाद में इसकी गतिविधियाँ राजनीति पर केन्द्रित हो गयीं। सृजनकर्म को संकीर्ण बनाने लगीं। साहित्यिक काम मन्द पड़ गया। तब साहित्यकार वैयक्तिक अनुभव और अभिरुचियों पर ध्यान देने लगे।...

उस समय के अध्ययन और चिन्तन से नयी बातें समझ में आयीं। लेकिन और भी कुछ बातों में मैं आगे सोचने लगा। नारेबाज़ी के सीमित दायरे में लेखक कभी न पड़े! पाठक को कल्पना के नये संसार की ओर ले चलने की शक्ति कृति में होनी चाहिए। भाषा की दृष्टि से भी कृति उन्मेषपूर्ण लगे। अपने आसपास की घटनाओं पर भी लेखक की प्रतिक्रियाएँ स्पष्ट होनी चाहिए। प्रमुख लेखकों की कृतियाँ पढ़कर मुझे यही संदेश मिला था।"

कुछ वामपंथी नेताओं द्वारा राष्ट्रीय स्तर पर उर्दू को कश्मीर की भाषा के रूप में सामने रखने के प्रयास से भी राही जी का उनकी राजनीति से मोहभंग हो गया। शुरुआत में उन्होंने उर्दू में भी कविताएँ लिखी थीं जिनमें 'क़हक़हा-ए-जहरफ़िशां' और 'फ़ैसला' प्रगतिशील आलोचकों द्वारा भी सराही गई थीं, पर 1952 से उन्होंने अपनी मातृभाषा कश्मीरी को ही अपनी अभिव्यक्ति का माध्यम बनाया। व्यक्तिगत, सामाजिक और वैश्विक स्तर पर विलगाव, अस्तित्वमूलक दुविधा तथा मानवीय असमंजस राही जी की कविता के मुख्य विषय रहे हैं।

राख मले साधु के बगल में छुरी है
मुल्ला की दुआ में है बद्दुआ तो क्या कीजिए
मासूम बच्चे, पत्थरों पर दम तोड़ गये
दुष्टों की सन्तानों को होते चालीसवें तो क्या कीजिए

रहमान राही की कविता के संदर्भ में गौरीशंकर रैणा लिखते हैं, "रहमान राही का काव्य पंच दरिया समान है जिसमें इस्लाम, ग्रीक, जोरास्ट्रीयन, बौद्ध और हिन्दू का पानी मिला हुआ है और जिसकी पाँच लहरें कश्मीरी, फ़ारसी, उर्दू, अंग्रेजी और संस्कृत की हैं। सभी एकमेक होकर आप्त-प्राप्त परम्पराओं की रोशनी में यथार्थ के फौलाद को घिस-पीटकर आईना बनाने की प्रक्रिया में मशगूल हैं। इसलिए संघर्ष और प्रयास के सामने विश्व-विजय की कामना और अमरत्व हास्यास्पद हो उठते हैं—

हाय रे, हाय, सिकंदर! हाय ख़िज्र रे!
आओ, गाओ रे! शौक, हाय(कितना था?) दीदार का।"

राही जी शुरुआत से ही ललद्यद और अन्य कश्मीरी संत कवियों से गहरे प्रभावित रहे। कश्मीरी कवि दीनानाथ नादिम के चिन्तन और काव्य का भी उन पर

गहरा प्रभाव पड़ा। इनके अलावा फ़ारसी के कवियों में हाफ़िज और बेदिल तथा उर्दू में ग़ालिब और मीर का काव्य उन्हें पसंद आया और इसी तरह अंग्रेजी के कवियों में जॉन डन, कीट्स, कॉलरिज़, येट्स और इलियट का।

राही जी के पाँच कविता संकलन प्रकाशित हुए हैं जिनमें पहला संकलन 'सानावेनी साज़' 1952 में प्रकाशित हुआ था। सन् 1958 में प्रकाशित उनका पहला कश्मीरी कविता संग्रह 'नौरोज़-ए-सबा' ने उन्हें एक महत्वपूर्ण कश्मीरी कवि के रूप में स्थापित कर दिया। सन् 1980 में प्रकाशित 'कहवात' उनके समालोचनात्मक निबंधों का संग्रह है। इस संग्रह ने कश्मीरी भाषा के आलोचनात्मक मुहावरे को विकसित करने में महत्वपूर्ण योगदान दिया। उनकी इस पुस्तक के लिए उन्हें राज्य की सांस्कृतिक एकेडमी का समालोचक पुरस्कार प्राप्त हुआ। सन् 1978 में उन्हें कश्मीरी साहित्य में योगदान के लिये 'रोब ऑफ़ ऑनर' भी प्रदान किया गया। साहित्य समीक्षा की उनकी दो अन्य पुस्तकें हैं- 'शार शिनासी और कशीर शायरी ता वाज़नुक सूरती हाल'। इसके अलावा उन्होंने डॉक्टर फ़ाउस्टस एवं अन्य अनेक कृतियों का अंग्रेजी से कश्मीरी में अनुवाद भी किया। बाबा फरीद की सूफी कविता का उन्होंने मूल पंजाबी से कश्मीरी में उत्कृष्ट अनुवाद किया। साहित्य तथा संस्कृति के क्षेत्र में उनके योगदान के लिये उन्हें सन् 2000 में पद्मश्री सम्मान से सम्मानित किया गया। 2004 में उन्हें भारत में साहित्य के सर्वोच्च सम्मान ज्ञानपीठ से सम्मानित किया गया। ज्ञानपीठ पुरस्कार पाने वाले वह कश्मीरी भाषा के पहले कवि हैं।

सूत्र : रहमान राही के लिए कविता किसी भाषा की आत्मा की पुनर्खोज है। उनके अनुसार यह भाषा और उसकी आत्मा किताबों में नहीं, रोज काम पर जाते थके हुए घर लौटते, फिर उठते लड़ते गिरते बढ़ते, असंख्य लोगों की ज़ुबान पर बसती है यह भाषा। उन्हीं आम फ़हम लोगों की कामनाओं, विचारों और जीवनदर्शन में निवास करती है इसकी आत्मा ।

14

विंदा करंदीकर

आत्मा को सँवारने वाली कंघी

मराठी

विंदा करंदीकर मराठी भाषा के एक ऐसे साहित्यकार हैं जो अखिल भारतीय स्तर पर आम जन के बीच भी ख़ासे लोकप्रिय हैं। उन्हें मराठी के अलावा हिन्दी, अंग्रेजी एवं अन्य भारतीय भाषाओं में भी पढ़ा और पसंद किया जाता है। जहाँ एक तरफ उन्होंने गंभीर साहित्य की रचना की और गंभीर अकादमिक लेखन द्वारा भाषा को समृद्ध किया तो... वहीं अपने बाल साहित्य द्वारा बच्चों के आजोबा (नाना) भी बन गये।

विंदा करंदीकर का मूल नाम गोविन्द विनायक करंदीकर है। उनका जन्म 23 अगस्त, 1918 को महाराष्ट्र के कोंकण क्षेत्र के सिन्धदुर्ग जिले के ढालवाल गाँव में हुआ था। उनके पिता एक गरीब किसान थे। उनकी शिक्षा प्राथमिक स्तर पर ही रुक गयी होती लेकिन एक पारिवारिक मित्र, जो पेशे से रसोइया थे, वे उन्हें अपने साथ कोल्हापुर ले गये और उन्होंने सप्ताह के सात दिनों में सात अलग-अलग परिवारों में उनके भोजन करने की व्यवस्था करवा दी। इस सहयोग से विंदा जी अपनी पढ़ाई जारी रख पाये।

विंदा जी ने सन् 1935 में कोल्हापुर के राजाराम कॉलेज में दाखिला लिया। वहाँ वे अपने शिक्षक माधव जुलियन से प्रभावित हुए। माधव जी उस समय मराठी के प्रमुख कवि थे। अपने शिक्षक की प्रेरणा से उनमें शिक्षा, विद्वता और कविता के

प्रति विश्वास, लगाव और आग्रह बना रहा। विंदा जी ने अंग्रेजी का विशेष रूप से अध्ययन किया और 1939 में अंग्रेजी में स्नातक (ऑनर्स) की परीक्षा पास की। ब्राउनिंग, हॉपकिंस और इलियट उस समय उनके प्रिय कवि थे, जिनका असर उनकी उस समय की कविताओं पर भी पड़ा, जो कुछ रोमैंटिक मिज़ाज़ की थीं। चार्ल्स लैम्ब के अध्ययन ने व्यक्तिव्यंजक निबंधों में उनकी रुचि जगायी। 1939 में स्नातक परीक्षा का परिणाम भी घोषित नहीं होने पाया था कि विंदा जी हैदराबाद आंदोलन के सिलसिले में एक सत्याग्रही के तौर पर गिरफ़्तार कर लिये गये। चार महीने के कठिन कारावास के बाद जेल से रिहा हुए। इसी बीच हाथ टूट जाने के कारण 1946 से पहले एम.ए. की परीक्षा न दे सके।

विंदा जी के हाथ की इस चोट का और उनके उस समय के जीवन का जिक्र पुष्पा भारती के संस्मरणों की किताब 'यादें, यादें! और यादें' में भी मिलता है; "एक परचे में तो पुरातन अंग्रेजी के हिज्जों का प्रयोग होता है, उन्हें समझना बेचारे लिपिक के वश की बात थी ही नहीं। उसके अतिरिक्त भी सामान्य अंग्रेजी लिखने में भी हिज्जों की गलती सारा गुड़गोबर कर देती है। फिर भी सिवाय इस प्रयोग के कोई दूसरा रास्ता था ही नहीं। दाहिना हाथ वर्षों तक इस योग्य नहीं हो सका था कि उससे लिखा जा सके। अंततः सन् 1946 में विंदा ने अंग्रेजी में एम.ए की डिग्री प्राप्त कर ही ली। इस दौरान आजीविका के लिए राशनिंग अफ़सर की नौकरी भी की। वहाँ द.न.गवानकर, अयर शेख और अन्ना भाऊ साठे जैसे कम्युनिस्ट दोस्त बने। उनके साथ बंबई की झुग्गी-झोपड़ियों की गरीबी और घोर कष्टों को बहुत नज़दीक से देखा और जाना। परित्राण के लिए मार्क्स के बताए रास्ते से ही उपाय सोचते रहते। यही दिमाग़ी जद्दोजहद साहित्य लेखन के लिए ज़मीन पुख्ता करती रही।"

विंदा जी के जीवन में सन् 1939 से 1945 के छह वर्षों का समय संघर्ष, कठिनाई और बेचैनी का था। लेकिन यह वक़्त भावानात्मक, बौद्धिक और साहित्यिक विकास का भी था। वह सन् 1943 में मार्क्सवाद के गंभीर अध्ययन में प्रवृत्त हुए। लेकिन बर्ट्रेंड रसल और फ्रायड के अध्ययन के कारण मार्क्सवादी कट्टरतावाद को स्वीकार न कर सके। 1940 में उन्होंने येसु गोखले से प्रेम विवाह किया, पर कुछ ही वर्षों बाद उनका निधन हो गया। सन् 1942 से 1945 तक वे सतारा ज़िले के

तासगाँव विद्यालय में हाईस्कूल अध्यापक रहे। उस समय बहुत ही सीमित आमदनी में वे अपना, दो बहनों और एक छोटे भाई का ख़र्च चलाते थे। उस समय उनका छोटा भाई क्षय रोग की बीमारी से जूझ रहा था। उन संघर्ष के दिनों में उनका झुकाव गांधीवाद की तरफ भी हुआ। शास्त्रीय संगीत की तरफ भी। उस समय उन्होंने तबला बजाना सीखा। उस समय तो वे कभी-कभी पूरे दिन तबला बजाते रहते थे। संगीत का यह ज्ञान उनकी कविताओं पर भी असर डालता है – शब्द योजना, नाद सौन्दर्य के कारण उनकी कविताएँ बच्चों और बड़ों दोनों को ही पसंद आती हैं।

वह गांधीवाद की दिशा में अधिक आगे नहीं बढ़े पर गांधी और मार्क्स का यह प्रभाव उन पर जीवन भर बना रहा। उस समय वे अपने हाथ से बुने खादी के वस्त्र पहनते थे। यह शायद उन पर महात्मा गांधी के असर के कारण ही था कि भारत छोड़ो आंदोलन के समय वे शांत बैठे न रह सके और पड़ोस के गाँव में सेना में भर्ती के ख़िलाफ प्रचार करने लगे। सन् 1945 में मुम्बई में रहते हुए उन्होंने राशनिंग इंस्पेक्टर की अस्थायी नौकरी करनी शुरू कर दी थी। सन् 1946 में एम.ए उत्तीर्ण कर लेने के पश्चात् 1946 से 1976 तक कर्नाटक, पुणे और मुम्बई विश्वविद्यालयों से संबद्ध विभिन्न महाविद्यालयों में अध्यापन कार्य किया। सन् 1976 में मुम्बई के एस.आई.ई.एस कॉलेज के अंग्रेजी विभागाध्यक्ष पद से स्वैच्छिक सेवानिवृत्ति ले ली।

सन् 1947 में उन्होंने ज्योत्सना साने नाम की विधवा से विवाह किया। इस विवाह के बारे में पुष्पा भारती ने अपनी किताब 'यादें, यादें! और यादें' में लिखा है कि ज्योत्सनाजी का पिता के घर का नाम कुसुम दामले था। कुसुम सुशिक्षित, संस्कारवान और सर्वगुणसंपन्न महिला थीं। करंदीकर जी से विवाह के बाद उन्हें सुमा करंदीकर नाम मिला। गाँववालों ने एक बार फिर विंदा के परिवार का विरोध किया क्योंकि वह विधवा थीं, पर विंदा को इस प्रकार के विरोध की कोई परवाह नहीं थी। सुमाजी के शांत और प्रेमपूर्ण स्वभाव के कारण उन्होंने अपने जीवन में बहुत थिराव और शांति का अनुभव किया। विंदा जी अपनी पत्नी की मुक्तकंठ से प्रशंसा किया करते थे और उनके प्रति कृतज्ञता का भाव रखते थे।

विंदा जी का पहला कविता-संग्रह भी सुमाजी के प्रयास से ही छपा। साठ रूपए महीने की तनख़्वाह पाने वाली सुमाजी ने इसके लिए पैसे बचाना शुरू किया।

जब पाँच सौ रुपये इकट्ठा हो गये तो उन्होंने अपने स्वयं के ख़र्च से किताब छपवाने की ठानी। 1949 में जब मराठी साहित्य सम्मेलन हुआ तब विंदा जी की पहली पुस्तक 'स्वेद गंगा' छपकर आई। उनके पहले कविता-संग्रह की पर्याप्त चर्चा हुई। उसके बाद समय-समय पर उनके अन्य काव्य-संग्रह भी आये— 'स्वेदगंगा' (1949), 'मृद्गंध' (1954), 'धृपद्' (1959), 'जातक' (1968) और 'विरूपिका' (1981)।

इसी के साथ 1969 से 1993 तक विंदा जी की बाल कविताओं के भी दस संग्रह प्रकाशित हुए। उनकी बाल कविताओं का श्रेय भी उनके परिवार को जाता है। उनके एक बालक को विभिन्न चीजों से डर लगता था। विंदा जी बच्चे का मन बहलाने के लिए उसे तरह-तरह की कहानियाँ और कविताएँ गढ़ करके सुनाने लगे। उन कहानियों और कविताओं से बच्चे का मनोरंजन भी हुआ और उसका डर भी निकल गया। विंदा जी को लगा कि ये कविताएँ यदि मेरे बच्चे को पसंद आ रहीं हैं तो बाकी बच्चों को भी पसंद आएंगी और उन्होंने बच्चों के लिए लिखी अपनी कविताओं को प्रकाशित कराया। उनकी बाल कविताएँ बच्चों और बड़ों, दोनों को पसंद आती थीं। उनकी कविताओं में मिलने वाली अजब-गज़ब कल्पना, शब्दों से निकलने वाला ध्वनि सौन्दर्य सबको पसंद आता था। उनकी बाल कविताओं के संग्रह हैं – 'रानीचा बाग' (1961), 'शशाचे कान' (1963), परी गा परी (1965), 'एटू लोकांचा देश' इत्यादि।

विंदा जी मराठी के तीसरे साहित्यकार थे जिन्हें ज्ञानपीठ पुरस्कार मिला। उनसे पहले यह पुरस्कार विष्णु सखाराम खांडेकर और विष्णु वामन शिरवाडकर (कुसुमाग्रज) को मिला था। विंदा जी ने अपने ऊपर इन दोनों लेखकों का ऋण स्वीकार किया है। एक से उन्हें जीवन के प्रति अपना दृष्टिकोण मिला और दूसरे से कविता के प्रति। विंदा करंदीकर, कवि वसंत बापट और मंगेश पडगाँव कर की तिकड़ी ने महाराष्ट्र के विभिन्न शहरों में कई वर्षों तक अपनी कविताओं का सार्वजनिक पाठ किया। विंदा जी कविताओं के सार्वजनिक पाठ को बहुत अहमियत देते थे।

विंदा जी ने कविताओं के अलावा लघु निबंध भी लिखे। 'स्पर्षाची पलवी' (1958), 'आकाशवाणी अर्थ' (1965) यह उनके लघु निबंध-संग्रहों के नाम हैं। 'परम्परा आ नवता' (1967) उनकी विश्लेषणात्मक समीक्षाओं का संग्रह है। विंदा जी अनुवाद के द्वारा अपनी भाषा को समृद्ध करना हर लेखक की जिम्मेदारी मानते हैं। उन्होंने अरस्तू के पोएटिक्स, गोयथे के फास्ट और शेक्सपीयर के किंग लियर जैसे पाश्चात्य गौरव-ग्रंथों का अनुवाद मराठी भाषा में किया। उन्होंने अपनी चुनिंदा कविताओं का अंग्रेजी अनुवाद विंदा कविता के नाम से प्रकाशित कराया। इन कविताओं के अंग्रेजी अनुवाद में उन्होंने ए.के. रामानुजन का सहयोग किया था। उन्होंने ललित और समीक्षात्मक ग्रंथों के लिए रोचक एवं मर्मग्राही प्रस्तावनाएँ भी लिखीं। यह भी उनकी सृजनात्मक क्षमता का एक महत्त्वपूर्ण अंग है। लेकिन मराठी भाषा का यह गायक 14 मार्च, 2010 को 92 वर्ष की आयु में हमें छोड़कर चला गया। परंतु एक रचनाकार अपनी रचनाओं में हमेशा जिंदा रहता है। विन्दा जी की कीर्तिकाया आज भी है।

सूत्र : अपने समाज से सक्रिय लगाव के बिना कोई बड़ा रचनाकार नहीं बन सकता। लेकिन किसी रचनाकार का अपने समाज से लगाव है, इसका प्रमाण क्या है?

इसका सिर्फ़ एक प्रमाण है, वह यह कि उस समाज की बुराइयों की कैसी आलोचना उसके पास है और समाज के उपेक्षित हिस्सों के न्याय की कैसी चेतना उसके पास है।

15

डॉ. सी नारायण रेड्डी

मन का हस्ताक्षर,
जो कविता में पाया जाता है

तेलुगु

तेलुगु भाषा के ख्यात कवि सी. नारायण रेड्डी का पूरा नाम सिंगीरेड्डी नारायण रेड्डी है। उन्होंने तेलुगु साहित्य को समकालीन संदर्भों से जोड़ते हुए सामयिक बनाया, लेकिन परम्परा की मूल धारा की उपेक्षा नहीं की। वे कहते हैं कि संस्कृति माँ की तरह है और सभ्यता पिता की तरह। संस्कृति मानसिक संतुलन का प्रतीक है। सभ्यता गति का आदर्श रूप है। माँ अपने घर में पूरे विश्व की परिकल्पना करती है। जबकि पिता अपने घर को संपन्नता के शिखर पर ले जाने की आकांक्षा करता है। इन दोनों पहलुओं के सामंजस्य के मिश्रण में ही जीवन की संतृप्ति का सुराग है। सभ्यता-संस्कृति-समकाल का यह सामंजस्य ही नारायण रेड्डी की काव्य-प्रक्रिया का मूल है।

सी. नारायण रेड्डी का जन्म 29 जुलाई, 1931 को वर्तमान समय के तेलंगाना के करीमनगर जिले के हनुमाजीपेट गाँव में हुआ था। उनके पिता मल्ला रेड्डी किसान थे। उनकी माँ का नाम बुचम्मा था। उनकी प्रारम्भिक पढ़ाई गाँव में ही उर्दू माध्यम से हुई। उस समय निज़ाम के शासन के अंतर्गत तेलुगु माध्यम से शिक्षा प्राप्त करने की व्यवस्था नहीं थी। स्नातक स्तर पर डॉ. रेड्डी ने तेलुगु विषय लेकर विशेष तौर पर अध्ययन किया। उन्हें तेलुगु और उर्दू शायरी की रवायत में गहरी दिलचस्पी रही और वे दोनों ही भाषाओं में सिद्धहस्त थे। उनकी तेलुगु रचनाओं पर उर्दू शायरी का गहरा प्रभाव पड़ा है। किशोरावस्था में उन पर लोकगीतों तथा ग्रामीण क्षेत्रों में प्रचलित हरि-कथा, विथि-भागवत आदि लोकशैलियों की गहरी छाप पड़ी। डॉ. रेड्डी संगीतप्रेमी और मधुरकंठ वाले थे जिससे उनका काव्य-पाठ बहुत सुंदर बन पड़ता था।

डॉ. रेड्डी ने 1949 में उस्मानिया विश्वविद्यालय में दाखिला लिया। 1954 में एम.ए की डिग्री प्राप्त की और 1955 में कॉलेज लेक्चरर बने। सन् 1951 में जब वे उस्मानिया विश्वविद्यालय के छात्र थे, तब उन्होंने तेलुगु विभाग द्वारा आयोजित एक कवि-सम्मेलन में कविता-पाठ किया जिसमें अनेक वरिष्ठ साहित्यकारों ने उनकी ख़ूब सराहना की। धीरे-धीरे अपनी प्रतिभा के कारण वे जाने-पहचाने जाने लगे। सन् 1965 में उन्होंने तेलंगाना लेखक सम्मेलन के महासचिव रहते हुए इसके वार्षिक सामारोह के आयोजन में सहयोग किया। इस आयोजन के बाद वे साहित्यिक अवदान के साथ-साथ एक आयोजक के रूप में अपनी कार्य-कुशलता के लिए भी जाने जाने लगे।

डॉ. रेड्डी की पहली किताब 'नव्वानी पुव्वु' (शर्मिला फूल) 1953 में प्रकाशित हुई। सन् 1959 में प्रकाशित 'वेन्नेला वादा' (चाँदनी भरा क़स्बा) रोमानी सांगीतिक नाटकों की पुस्तक है जिसमें तेलुगु लोकगीतों को आम पाठक तक पहुँचाने का प्रयास किया गया है। 'जलपातम' (झरना), 1949 से 1953 के बीच लिखी गई कविताओं का संग्रह है। 1959 में प्रकाशित 'दिव्येला मुवालु' (मोमबत्ती की घंटियाँ) में साहित्यिक व्यक्तियों के जीवन की साधना और दीपावली के उत्सव को सुंदर ढंग से व्याख्यायित किया गया है।

उनके कविता-संग्रह 'मंथालु-मानवुडु' (आदमी और लपटें) को साहित्य अकादमी पुरस्कार मिला। इसमें उन्होंने पौराणिक चरित्र मारुति और मार्कण्डेय के सनातन चरित्र और मनुष्य की प्रगतिशील प्रकृति को निरूपित किया है। प्रतिकूल शक्तियाँ उन्हें बाधा पहुँचाती हैं, मनुष्य उन पर काबू पाने के लिए संपूर्ण आशा और विश्वास के साथ उज्ज्वल भविष्य की ओर बढ़ रहा है। डॉ. रेड्डी अपने काव्य में चित्रित मनुष्य के बारे में कहते हैं, मेरे द्वारा चित्रित मनुष्य सकारात्मक और आशावादी है और मैं अपने काम में प्रगतिशील मानवतावाद की वकालत करता हूँ। मेरी कविताओं में मनुष्य एक शाश्वत सत्य का प्रतिनिधित्व करता है।

अपनी कविता के लिए विख्यात डॉ. रेड्डी ने लोकप्रिय संगीत नाटक भी लिखे हैं। 'रामप्पा' (1960) तेलुगु इतिहास के काकतीय काल की गौरवशाली सांस्कृतिक विरासत को दर्शाती है। सन् 1978 में प्रकाशित 'नारायण रेड्डी नाटिकाळु' (नारायण रेड्डी की एकांकियाँ/नाटक) में काव्यात्मक प्रवृत्ति के उनके संगीतात्मक नाटकों के उदाहरण हैं जिनमें कला, संगीत तथा प्रदर्शन का एक उदात्त संयोग है। उनके द्वारा

लिखा गया 'नागार्जुन सागरम' एक बौद्ध महाकाव्य है जो संतिसरी नाम की एक महिला, जो बौद्ध धर्म का अध्ययन करने आती है और एक मूर्तिकार पद्मदेव के प्यार में पड़ जाती है, की कहानी पर आधारित है। सन् 1957 में प्रकाशित 'करपुरा वसंत रायुलू' एक महाकाव्य है जिसमें रेड्डी वंश के राजा कुमार गिरि और उनकी दरबारी नर्तकी लकुमा देवी के बीच रोमांस को दर्शाया गया है।

डॉ. रेड्डी की प्रमुख काव्य-रचना 'विश्वंभरा' (पृथ्वी) 1980 में प्रकाशित हुई। सन् 1988 में उन्हें इस पुस्तक पर ज्ञानपीठ पुरस्कार प्रदान किया गया। इसका विभिन्न भारतीय भाषाओं में अनुवाद हुआ। इस मुक्तछंद की रचना में काल के माध्यम से मनुष्य की यात्रा को दिखाया गया है जिसमें वह आध्यात्मिक, कलात्मक और वैज्ञानिक उत्कर्ष को प्राप्त करने का प्रयास करता है। 1977 में प्रकाशित डॉ. रेड्डी की पुस्तक 'माटी मनीषी अक्षण' (पृथ्वी और आकाश के परे मनुष्य) एक सौ साठ पृष्ठों की लम्बी कविता है। इसमें डॉ. रेड्डी ने मनुष्य को एक गतिशील शक्ति के रूप में दर्शाया है जो समय और स्थान की सीमाओं से पार जाने की चेष्टा करता है।

डॉ. रेड्डी ने भाषा के समालोचनात्मक अध्ययन में भी महत्वपूर्ण योगदान दिया। 1967 में प्रकाशित उनकी कृति 'आधुनिक आंध्र कवितामु संप्रदायमुलु प्रयोगमाळु' (मॉडर्न तेलुगु पोएट्री ट्रैडीशन एंड एक्सपेरिमेंट) आधुनिक तेलुगु कविता, उसके पूर्ववर्ती विभिन्न चरणों तथा उसकी वर्तमान शैलियों के माध्यम से विकास का एक गहन विश्लेषण है। डॉ. रेड्डी तेलुगु सिनेमा के एक सुप्रसिद्ध गीतकार भी रहे। उन्होंने तेलुगु फिल्मों के लिए 3,000 से अधिक गीतों की रचना की। जिनमें गंभीरता या काव्य-सौंदर्य उनकी कविताओं से कम नहीं है। अपने सुमधुर गीतों के कारण वह फिल्म के दर्शकों के बीच अपने घरेलू नाम सिनारे के नाम से जाने जाते हैं।

सूत्र : साहित्य मनुष्य की गहन वृत्तियों और सपनों की खोज है। कभी यह बड़ी रचनाओं में संभव होती है कभी छोटी-छोटी कविताओं में। नारायण रेड्डी हर तरह की रचनाओं में यही खोज करते हैं।

16

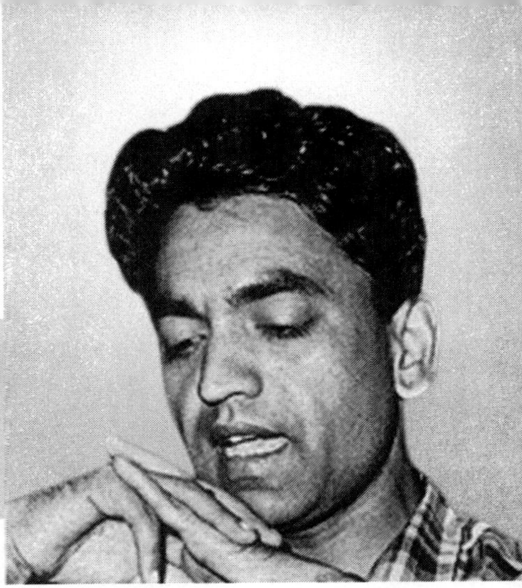

शिव कुमार बटालवी

बिरह का सुल्तान

पंजाबी

"मैंनू विदा करो / असां ते जोबन रुत्ते मरना/ मर जाणां असां भरे भराए, हिजर तेरे दी कर परिकरमा।"

मुझे विदा करो। हमें तो यौवन की ऋतु में मरना है। मर जाएंगे हम भरे पूरे, तुम से जुदाई की परिक्रमा पूरी करके।

शिव कुमार बटालवी पंजाबी भाषा के विख्यात कवि हैं। वह अपनी रोमांटिक कविताओं के लिए सबसे ज्यादा जाने जाते हैं जिनमें भावनाओं का उभार, करुणा, जुदाई और प्रेमी के दर्द का बखूबी चित्रण है। शिव कुमार बटालवी ने प्रेम में विरह की इतनी तीव्र वेदना को जिया कि 35 वर्ष की अल्पायु में दुनिया छोड़ने के बाद पूरे पंजाब में उनकी कविताएँ लोकगीतों की तरह गाई जाने लगीं। उन्हें हिन्दुस्तान से ज्यादा पाकिस्तान में गाया गया जहाँ उनका जन्म हुआ था। उन्होंने ज़िन्दगी को इतना चाहा कि उनसे जिन्दगी का अपमान बर्दाश्त नहीं हुआ और उसे छोड़ गये।

शिव कुमार बटालवी का जन्म 1936 में एक ब्राह्मण परिवार में, ज़िला सियालकोट (पाकिस्तान) में हुआ। उनके पिता पंडित कृष्ण गोपाल गाँव के तहसीलदार और माता शान्ति देवी घरेलू महिला थीं। बँटवारे के बाद उनका परिवार ज़िला गुरदासपुर के बटाला में आकर बस गया। जहाँ उनके पिता ने पटवारी के रूप में अपना काम जारी रखा और शिव यहीं पढ़ने लगे। उनका बचपन और किशोरावस्था यहीं गुज़रा। शिव ने गाँव की मिट्टी, खेतों, फसलों, त्योहारों और मेलों

को भरपूर जिया जो बाद में उनकी कविताओं में खुशबू बनकर महकता रहा। अपने इसी गाँव के गौरव में अपने नाम के आगे उन्होंने बटालवी जोड़ लिया। उनका यह तख़ल्लुस- बटालवी – बालमन पर गाँव की ख़ूबसूरत यादों को सम्मान देने का उनका अपना काव्यात्मक तरीका है।

पिता शिव को कुछ बनता हुआ देखना चाहते थे। इसलिए उनको गाँव से दूर पढ़ाई के लिए भेज दिया। इसके चलते फिर कभी पिता-पुत्र में बनी नहीं। असल में शिवकुमार का बचपन तो गाँव की मिट्टी में ही किसी पौधे की तरह जड़ें जमाए हुए उग रहा था। शिव का मन कभी उस गाँव से टूट नहीं पाया, जो उस गाँव से निकलकर बाहर गया था, वह तो बस एक प्रेत था जो अपनी मुक्ति के लिए भटकता रहा। उनका गाँव छूट जाना उन पर पहला प्रहार था जिसका गहरा ज़ख्म उन्हें सदैव पीड़ा देता रहा। बाद के सारे विछोह, सारे जख्म इसी का प्रतिरूप बनते गये।

शिवकुमार ने 1953 में पंजाब विश्वविद्यालय से मैट्रिक किया और बटाला के बैरिंग यूनियन क्रिश्चियन कॉलेज में एफएससी में नामांकित हुए। अपनी डिग्री पूरी करने से पहले ही उन्होंने कादियाँ के एस एन कॉलेज के कला विभाग में दाखिला लिया जो उनके व्यक्तित्व से ज्यादा मेल खाता था, हालाँकि दूसरे साल में उन्होंने उसे भी छोड़ दिया। इसके बाद वह हिमाचल प्रदेश के बैजनाथ के एक स्कूल में सिविल इंजीनियरिंग में डिप्लोमा करने के लिए दाखिल हुए, पर उन्होंने इसे भी बीच में ही छोड़ दिया। इसके बाद उन्होंने नाभा के सरकारी रिपुदमन कॉलेज में अध्ययन किया। उन्हें विख्यात पंजाबी लेखक गुरबख्श सिंह प्रीतलड़ी की बेटी से प्यार हो गया। दोनों के बीच जाति भेद होने के कारण उस लड़की ने एक ब्रिटिश नागरिक से शादी कर ली। यह गाँव के बाद दूसरा बड़ा बहिष्कार था। वह प्यार में दुर्भाग्यशाली रहे और प्यार की यह पीड़ा उनकी कविता में तीव्रता से परिलक्षित होती है।

सन् 1960 में उनकी कविताओं का पहला संकलन 'पीड़ां दा परागा' (दुःखों का दुपट्टा) प्रकाशित हुआ, जो काफी सफल रहा। सन् 1967 में उनका विवाह गुरदासपुर जिले की एक ब्राह्मण कन्या अरुणा से हुआ और बाद में उनके दो बच्चे हुए। बाद के वर्षों में वे खराब स्वास्थ्य से त्रस्त रहे और 7 मई, 1973 में 36 साल की उम्र में शराब की दुसाध्य लत के कारण लीवर सिरोसिस से अपने ससुर के घर पर अपनी अंतिम यात्रा पर निकल पड़े।

'पीड़ां दा परागा' (दु:खों का दुपट्टा), 'मैनूं विदा करो' (मुझे विदा करो), 'गजलां ते गीत' (गज़लें व गीत), 'आरती', 'लाजवंती', 'आटे दियां चिड़ियां' (आटे की गौरैयां), 'लूना', 'मैं ते मैं' (मैं और मैं), 'दर्दमंदां दिया आहिन', 'सोग' (शोक), 'अलविदा', 'शिव कुमार: संपूर्ण काव्य संग्रह', 'बिरहा दा सुल्तान' (अमृता प्रीतम द्वारा सम्पादित) आदि उनकी बेहद लोकप्रिय किताबें हैं।

जब 1967 में उन्हें साहित्य अकादमी पुरस्कार से सम्मानित किया गया तो वह साहित्य अकादमी पाने वाले सबसे कम उम्र के साहित्यकार थे। यह सम्मान पूरण भगत की प्राचीन कथा पर आधारित उनके महाकाव्य नाटिका 'लूणा' (1965) के लिए दिया गया जिसे ... आधुनिक पंजाबी साहित्य की एक महान कृति माना जाता है और जिसने आधुनिक पंजाबी किस्सागोई की एक नई शैली की स्थापना की। आज उनकी कविता आधुनिक पंजाबी कविता के अमृता प्रीतम और मोहन सिंह जैसे दिग्गजों के बीच बराबरी के स्तर पर खड़ी है, जिनमें सभी भारत- पाकिस्तान सीमा के दोनों पक्षों में लोकप्रिय हैं।

शिव कुमार बटालवी ने उद्दाम भाव से प्यार किया, उसे जिया, उसे अपने शब्दों और स्वरों से रच दिया। उनकी सुरीली आवाज़ में काव्यपाठ ने उनको और उनकी कविता को हरमन प्यारा बना दिया।

"मैंनू तेरा शबाब लै बैठा / रंग गोरा गुलाब लै बैठा / किन्नी पीती ते किन्नी बाकी / मैंनू एहो हिसाब लै बैठा / चंगा हुंदा सवाल ना करदा / मैंनू तेरा जवाब लै बैठा / दिल दा डर सी किते न लै बैठे / लै ही बैठा जनाब लै बैठा।"

किशोरावस्था में उन्हें पास ही के किसी गाँव के मेले में मैना नाम की लड़की से प्यार हुआ पर मैना कुछ ही दिन में बीमार हुई और चल बसी। उसकी याद में फिर बटालवी ने एक लंबी कविता लिखी— 'मैना'। ऊपर बताया गया कि उन्हें युवावस्था में फिर पंजाबी लेखक गुरबख्श सिंह प्रीतलड़ी की बेटी से प्यार हो गया। दोनों के बीच जाति भेद होने के कारण उनका विवाह नहीं हो पाया और लड़की की शादी किसी ब्रिटिश नागरिक से करा दी गई। इस "गुम हुई लड़की" पर शिव ने 'इश्तेहार' शीर्षक से कविता लिखी।

"गुम है गुम है गुम है / इक कुड़ी जिदा नाम मोहब्बत / गुम है गुम है गुम है / साद मुरादी सोहणी फब्बत / गुम है गुम है गुम है / सूरत उसदी परियां वरगी / सीरत

दी ओह मरियम लगदी / हसदी है तां फुल्ल झड़दे ने / तुरदी है तां ग़ज़ल है लगदी / लम्म सलम्मी सरू क़द दी / उम्र अजे है मर के अग्ग दी।"

अराजकता और अनिश्चितता उनके लिये आत्महंता बन गई। उनके लेखन में मौत की तीव्र कामना हमेशा से स्पष्ट रही है। मृत्यु राग की पंक्तियाँ दर्द की अंतिम ऊँचाई को छू लेती हैं। अमृता प्रीतम ने इसके लिये एक बार कहा; "बस कर वीरा अब यह दर्द और नहीं सुन सकती।" प्रेम की किस विरह वेदना से यह कवि गुजरा होगा भला! जैसे कि इस कवि ने अपनी मृत्यु की हनक सुन रखी थी। शिव कुमार बटालवी को दुनिया से शिक़ायत थी तो उन्होंने कहा था कि आज जैसी दुनिया हमने बनाई है, खुद जिन्दग़ी एक धीमी मौत में बदलती जा रही है। उन्होंने लिखा -

"जित्थे मोए बाद वी, कफ़न नहीं होया नसीब।

कौन पागल हुण करे, ऐतबार तेरे शहर दा॥

ऐथे मेरी लाश तक, नीलाम कर दित्ती गयी।

लत्थेया कर्जा ना, फेर वी यार तेरे शहर दा।"

उनकी विरह कविताएँ लोगों की जुबान पर चढ़कर लोकगीत बन गईं। उनकी कई कविताओं को दीदार सिंह परदेसी, जगजीत सिंह-चित्रा सिंह, सुरिंदर कौर, नुसरत फतेह अली खान, रब्बी शेरगिल, पंजाबी लोक गायक हंस राज हंस, महेंद्र कपूर, आसा सिंह मस्ताना आदि ने गाया है। शिव कुमार बटालवी की कई कविताओं का प्रयोग हिंदी फिल्मों में ...हुआ जो काफ़ी लोकप्रिय हुईं।

प्यार की यह पीड़ा उनकी कविता में तीव्रता से प्रतिबिंबित होती है। कहते हैं कि प्रेम के विरह की पीड़ा जब कभी बढ़ जाती तो शिव शराब में चूर होकर चंडीगढ़ में चौराहे पर लैम्प-पोस्ट के नीचे रात-रात भर खड़ा कविताएँ गाता रहता। शिव की रचनाओं में विरह व दर्द का भाव अति प्रबल रहा है। अमृता प्रीतम ने इन्हें "बिरह का सुल्तान" कहा।

ये मेरे गीत किसी को नहीं गाने, ये मेरे गीत मुझे खुद ही गा के, अगले दिन मर जाना है।

सूत्र : अनुभव ही तुम्हारा अपना है। जानकारियाँ जो तुम तक पहुँची हैं, उसे लाखों लोग पहले ही जान चुके हैं। साहित्य का सरोकार जानकारियों से नहीं, अनुभवों से है।

क्या आप जानते हैं?

दुनिया के महान रोमांटिक कवि 30-36 की उम्र में क्यों मरते हैं!

इसका कोई ठीक कारण बताना मुश्किल है। लेकिन शायद उनके अनुभवों और कल्पनाओं में इंटेंसिटी इतनी ज्यादा होती है कि वे मौत के उस पार भी देख लेना चाहते हैं। शिवकुमार बटालवी भी उनमें से एक हैं। उनका कहना था कि जवानी में जो मरता है वो या तो फूल बनता है या तारा। जवानी में या तो आशिक मरते हैं या वो जो बहुत करमों वाले होते हैं। जैसा वे कहते थे वैसा हुआ भी, महज 35 की उम्र में बटालवी दुनिया को अलविदा कह गए। पर जाने से पहले इतना खूबसूरत लिख गए कि शायरी का हर ज़िक्र उनके बगैर अधूरा है।

17

सआदत हसन मंटो

पाखंड को बेपर्दा करती कलम

उर्दू

सआदत हसन मंटो की रचना यात्रा उनकी कहानियों की तरह बड़ी ही विचित्रताओं से भरी हुई है। जलियाँवाला बाग कांड से उद्वेलित होकर मंटो पहली बार कहानी लिखने बैठे और अपनी लेखनी से औरत-मर्द के रिश्तों की परतों को उघाड़ने लगे तो पूरा समाज ही नंगा दिखने लगा। मंटो ने शोहरत की तरह ही बदनामी कमाई थी और यही उनकी रचनात्मक विलक्षणता की वास्तविक कमाई थी। उनकी कहानियाँ जुगुप्सा पैदा करती हैं और अंत में करारा तमाचा मारती हैं। मंटो ने सभ्यता और इंसान की पाशविक वृत्तियों के बीच के द्वंद्व को उघाड़कर रख दिया। सभ्यता की चादर ओढ़े इंसानी समाज को चुनौती देने वाली उनकी कहानियों ने उन्हें कोर्ट-कचहरी के खूब चक्कर लगवाए। कहानियों में अश्लीलता के आरोपों के कारण मंटो को छः बार अदालत जाना पड़ा था; तीन बार हिंदुस्तान में और तीन बार पाकिस्तान में। लेकिन एक भी मामला साबित नहीं हुआ। मंटो अपने वक्त के खोखलेपन और विसंगतियों को बखूबी पहचानते थे। इसीलिए वह कहते थे कि "मुझमें जो बुराइयाँ हैं, दरअसल वो इस युग की बुराइयाँ हैं। मेरे लिखने में कोई कमी नहीं। जिस कमी को मेरी कमी बताया जाता है, वह मौजूदा व्यवस्था की कमी है। मैं हंगामापसंद नहीं हूँ। मैं तहज़ीब, तमद्दुन, और सोसाइटी की चोली क्या उतारूंगा, जो है ही नंगी। मैं उसे कपड़े पहनाने की कोशिश भी नहीं करता, क्योंकि यह मेरा काम नहीं, दर्ज़ियों का काम है।" यह विडंबना है कि अपने लिखे के लिए मंटो को कोर्ट का

चक्कर लगाना पड़ा। वे मुफ़लिसी के साथ समाज की नफ़रत झेलते रहे। मंटो उन चंद कलाकारों में से थे जिन्हें अपनी कला और अपने सच पर इस कदर आस्था थी कि वह उसके पोषण के लिये खुद अपना शिकार करने के लिये बाध्य हो जाते थे।

सआदत हसन मंटो का जन्म 1912 को लुधियाना के गाँव पपड़ौदी में हुआ था। उनके पिता मौलवी ग़ुलाम हुसैन कश्मीरी मूल के थे। मंटो के जन्म के तुरंत बाद वह अमृतसर चले गए। मंटो की प्राथमिक पढ़ाई घर में ही हुई। 1931 में उन्होंने मैट्रिक पास की और उसके बाद हिंदूसभा कॉलेज में दाख़िला ले लिया। उन्होंने अलीगढ़ मुस्लिम यूनिवर्सिटी से पढ़ाई की। पढ़ाई के दौरान ही उन्होंने कहानियाँ लिखना और उनका मंचन करना शुरू कर दिया था। मंटो को शुरु से ही साहित्य से काफ़ी लगाव था और उसी दौरान उनकी मुलाकात उस वक्त के मशहूर विद्वान अब्दुल बारी आलिग से हुई। अब्दुल ने मंटो को रूसी व फ्रेंच साहित्य पढ़ने की सलाह दी। इस सलाह पर उन्होंने रूसी व फ्रेंच साहित्य पढ़ा और उनका उर्दू में अनुवाद भी किया।

अलीगढ़ मुस्लिम यूनिवर्सिटी में पढ़ाई के दौरान उनकी मुलाकात उर्दू के नामचीन साहित्यकार अली सरदार जाफ़री से हुई। इस मुलाकात के बाद वे छोटे-छोटे अफ़साने लिखने लगे। सन् 1940 में उन्हें रेडियो के लिए लिखने का मौका भी मिला। उन्होंने मुंबई फ़िल्म इंडस्ट्री के लिए भी लिखा। मुंबई में रहते हुए उन्होंने कई फिल्मों की पटकथा भी लिखी जिनमें 'चल चल रे नौजवान', 'मिर्जा गालिब' और 'आठ दिन' जैसी कुछ क्लासिक फिल्में शामिल हैं। भारत की पहली रंगीन फिल्म 'किसान कन्या' मंटो के उपन्यास पर ही आधारित थी। मंटो ने इस फिल्म के लिए डायलॉग भी लिखा। इसके अलावा भी कई फ़िल्में मंटो की कथाओं पर आधारित थीं। इनमें, 'तमाशा', 'धुआं, 'शिकारी' जैसी फिल्में शामिल हैं।

मंटो को बंबई से ख़ास तरह का प्रेम था। लेकिन बँटवारे की वजह से उन्हें बेमन से पकिस्तान का रुख करना पड़ा। बंटवारे ने मंटो को तोड़ दिया। धर्म के आधार पर हुए बँटवारे और इससे होने वाली इस भयानक त्रासदी को भी उन्होंने अपने लेखन में बयान किया। मंटो ने उसी समय पाकिस्तान में अतिवाद पनपने की भविष्यवाणी कर दी थी, जो बाद ये ... में सच साबित हुई। शराब की लत तो पहले

से ही थी, पाकिस्तान जाने के बाद और भी ज़्यादा बढ़ गई। पाकिस्तान जाकर उन्हें आर्थिक तंगी का भी सामना करना पड़ा। चूँकि बंबई में वह फ़िल्मों के लिए लिखते थे तो उन्हें पैसों से संबंधित को कोई परेशानी नहीं हुई। लेकिन पाकिस्तान जाते ही आर्थिक दिक्कतें शुरू हो गईं। उनके लेखन पर अश्लील होने का आरोप लगाकर उन पर कई मुकदमे लाद दिए गए।

हालात और बद्तर हो गए। अवसाद और मानसिक तनाव के साथ शराब की लत ने उन्हें मानसिक रूप से तोड़कर रख दिया। शराब छुड़वाने के लिए उन्हें पुनर्वास केंद्र में भर्ती करवाना पड़ा। इस मयनोशी के चलते महज़ 42 साल की उम्र में उन्होंने 18 जनवरी, 1955 को दुनिया से अलविदा कह दिया।

सूत्र : पाखंड से लड़ने की शिद्दत और मजलूमों के प्रति हमदर्दी ही किसी को मंटो बना सकता है. उनकी शैली, भाषा, शराब और बेबाकी की नक़ल हो सकती है, लेकिन साहस और हमदर्दी की नक़ल कोई कैसे करेगा।

18

साहिर लुधियानवी

ऐसे नारे कि दबाओ तो दबाए न बनें

उर्दू

भूख को हुस्न की जगह काबिज़ कर उर्दू साहित्य को समृद्ध करने वाले शायर का नाम है—साहिर लुधियानवी। उर्दू साहित्य की प्रगतिशील काव्यधारा के शायरों जोश मलीहाबादी, अहसान दानिश, फिराक गोरखपुरी, फैज अहमद फैद, अली सरदार जाफरी, साहिर लुधियानवी, अहमद नदीम कासिम, मजाज़ लखनवी, कैफी आज़मी जैसे प्रमुख शायरों के साथ साहिर लुधियानवी का नाम भी आता है। साहिर ने साहित्य से लेकर हिंदी की फ़िल्मों तक को अपनी प्रतिभा से समृद्ध किया।

साहिर लुधियानवी का असली नाम अब्दुल हयी साहिर है। उनका जन्म 8 मार्च, 1921 में लुधियाना के एक जागीरदार घराने में हुआ था। साहिर का बचपन माँ-बाप के बीच झगड़े देखते हुए बीता। माता-पिता में अलगाव होने के कारण उन्हें माँ के साथ रहना पड़ा। साहिर की शिक्षा लुधियाना के खा़लसा हाईस्कूल में हुई। सन् 1939 में जब वह सरकारी कॉलेज के विद्यार्थी थे, उन्हें एक लड़की से प्रेम हो गया। कॉलेज़ के दिनों में वह अपनी शायरी के लिए मशहूर हो गए थे। लेकिन लड़की के घरवालों को ये रास नहीं आया क्योंकि एक तो साहिर मुस्लिम थे और दूसरे वैसे संपन्न नहीं थे। बाद में लड़की के पिता के कहने पर उन्हें कालेज से निकाल दिया गया। जीविका चलाने के लिये उन्होंने तरह-तरह की छोटी-मोटी नौकरियाँ कीं।

विद्यार्थी जीवन में ही साहिर लुधियानवी की ग़ज़लों और नज़्मों का पहला काव्य संग्रह 'तल्खियाँ' प्रकाशित हुआ। यह संग्रह रातों-रात पूरे मुल्क में मशहूर हो गया। साहिर अपनी तालीम पूरी करने के बाद नौकरी की तलाश में लाहौर आ गए। यह दौर उनके संघर्ष का था। उन्हें रोज़ी-रोटी की तलाश थी। बावजूद इसके साहिर ने लिखना-पढ़ना नहीं छोड़ा। तमाम तकलीफों के बाद भी वह लगातार लिखते रहे। एक वक्त ऐसा भी आया जब उनकी रचनाएँ उस दौर के उर्दू के मशहूर रिसालों 'अदबे लतीफ', 'शाहकार' और 'सबेरा' में अहमियत के साथ शाया होने लगीं।

सन् 1943 में साहिर लुधियानवी लाहौर आ गये। लाहौर में प्रवास के दौरान ही वह प्रगतिशील लेखक संघ के संपर्क में आए और इसके सक्रिय सदस्य बन गए। संगठन से जुड़ने के बाद उनकी रचनाओं में और भी ज़्यादा निखार आया। मार्क्सवादी विचारधारा ने उनकी रचना को अवाम के दुःख-दर्द से जोड़ा। उन्होंने सामान्य जनता के संघर्षों को अपनी शायरी में आवाज दी।

सन् 1945 में वे प्रसिद्ध उर्दू पत्र 'अदब-ए-लतीफ़' और 'शाहकार' के सम्पादक बने। बाद में वे द्वैमासिक पत्रिका 'सबेरा' के भी सम्पादक बने और इस पत्रिका में उनकी किसी रचना को सरकार के विरुद्ध समझे जाने के कारण पाकिस्तान सरकार ने उनके ख़िलाफ़ वारण्ट जारी कर दिया। इसके बाद सन् 1949 में वे दिल्ली आ गये। कुछ दिनों दिल्ली में रहकर वे मुंबई आ गये जहाँ पर व उर्दू पत्रिका 'शाहराह और प्रीतलड़ी' के सम्पादक बने। फिल्म 'आजादी की राह पर' (1949) के लिये उन्होंने पहली बार गीत लिखा और निधन से पहले तक हिंदी फिल्मों में गीत लिखते रहे।

साहिर लुधियानवी जिंदगी भर कुँवारे रहे। अलबत्ता उनकी जिंदगी में मोहब्बत ने कई बार दस्तक दी लेकिन इस मोहब्बत को वह अपना नहीं पाए। पंजाबी की मशहूर उपन्यासकार अमृता प्रीतम भी उन्हें बहुत प्यार करती थीं, पर साहिर की फक्कड़ मिजाजी ने इस प्यार को परवान नहीं चढ़ने दिया। साहिर लुधियानवी और गायिका सुधा मल्होत्रा की प्रेम कहानी भी चर्चा में रही, लेकिन परवान नहीं चढ़ी।

उर्दू अदब और फिल्मी दुनिया में साहिर लुधियानवी के बेमिसाल योगदान के लिए उन्हें कई पुरस्कारों और सम्मानों से नवाजा गया जिसमें भारत सरकार का

पद्मश्री अवार्ड भी शामिल है। 59 वर्ष की अवस्था में 25 अक्टूबर 1980 को दिल का दौरा पड़ने से साहिर लुधियानवी का निधन हो गया।

साहिर लुधियानवी की शुरुआती रचनाओं में ब्रिटिश हुकूमत के ख़िलाफ़ एक गुस्सा है। साहिर की एक नहीं, कई ऐसी नज़्में हैं जो उस वक्त वतनपरस्त नौजवानों को आंदोलित करती थीं। नौजवान इन नज़्मों को गाते हुए, गिरफ्तार हो जाते थे :

"ज़ुल्म फिर ज़ुल्म है बढ़ता है, तो मिट जाता है / खून फिर खून है, टपकेगा तो जम जाएगा /...तुमने जिस खून को मक्तल में (वध-स्थल) दबाना चाहा / आज वह कूचा-ओ-बाजार में आ निकला है / कहीं शोला, कहीं नारा, कहीं पत्थर बनकर / खून चलता है तो रुकता नहीं संगीनों से / सर उठाता है तो दबता नहीं आईनों (विधान) से / ज़ुल्म की बात ही क्या, ज़ुल्म की औकात ही क्या / ज़ुल्म बस ज़ुल्म है आगाज से अंजाम तलक / खून फिर खून है, सौ शक्ल बदल सकता है-/ ऐसी शक्लें कि मिटाओ तो मिटाए न बने / ऐसे शोले, कि बुझाओ तो बुझाए न बने / ऐसे नारे कि दबाओ तो दबाए न बनें।"(नज्म-'खून फिर खून है !')

साहिर की इन रचनाओं में वर्ग चेतना स्पष्ट दिखाई देती है। अपने हक़, हुकूक के लिए एक तड़प है, जो उनकी शायरी में मुखर होकर नुमायाँ हुई है। तरक्क़ीपसंद साहिर का मानना था कि मज़दूर और किसान ही देश में बदलाव की इबारत लिखेंगे। "जश्न बपा है कुटियों में, ऊंचे से ऊंचे कांप रहे हैं / मजदूरों के बिगड़े तेवर, देख के सुल्तां कांप रहे हैं / जागे हैं इफ्लास के मारे, उट्ठे हैं बेबस दुखियारे / सीनों में तूफां का तलातुम, आंखों में बिजली के शरारे।" 'आओ कि कोई ख्वाब बुनें' साहिर की प्रतिनिधि किताब है जिसकी शीर्षक नज़्म 'आओ कि कोई ख्वाब बुनें' में साहिर के जज्बात क्या खूब नुमायां हुए हैं, "आओ कि कोई ख्वाब बुनें, कल के वास्ते / वरना यह रात, आज के संगीन दौर की / डस लेगी जानो-दिल को कुछ ऐसे, कि जानो-दिल / ता उम्र फिर न कोई हंसी ख्वाब बुन सके।" साहिर की इस नज्म को खूब मकबूलियत मिली।

जब देश आज़ाद होने के साथ ही मज़हब के नाम पर दो मुल्कों में बँट गया, पूरे देश में साम्प्रदायिक दंगे भड़क उठे, साहिर लुधियानवी ने हुक्मरानों से सवाल पूछते हुए लिखा—

“ये किस का लहू है कौन मरा ऐ रहबर-ए-मुलक-ओ-क़ौम बता / ये जलते हुए घर किस के हैं ये कटते हुए तन किस के हैं /...जिस राम के नाम पे ख़ून बहे उस राम की इज़्ज़त क्या होगी / जिस दीन के हाथों लाज लुटे इस दीन की क़ीमत क्या होगी /.......ये वेद हटा कुरआन उठा/ये किस का कहो है कौन मिरा / ऐ रहबर-ए-मुलक-ओ-क़ौम बता।”

संवैधानिक तौर पर भले ही मुल्क लोकतांत्रिक, पंथनिरपेक्ष राष्ट्र हो गया पर व्यावहारिक तौर पर आर्थिक आजादी और समानता के सवाल अनसुने रह गए। मज़हब के नाम पर मुल्क में हिंदू-मुस्लिम के बीच लड़ाइयाँ होने लगीं। जाहिर है कि ऐसे हालात में तरक्कीपसंद अदीब कहाँ चुप रह जाने वाले थे। एक सच्चा साहित्यकार व मनुष्यता से प्रेम करने वाला कभी युद्ध का समर्थन नहीं करता। देशभक्ति और राष्ट्रवाद के नाम पर भी नहीं। भारत-पाकिस्तान के बीच खिंची दुश्मनी की तलवारों पर उन्होंने कहा- “बम घरों पर गिरें कि सरहद पर / रूहे-तामीर जख्म खाती है / खेत अपने जलें कि औरों के / जीस्त (जीवन) फाकों से तिलमिलाती है/...जंग तो खुद ही मसअला है एक / जंग क्या मसअलों का हल देगी।”

साहिर लुधियानवी का दूसरा परिचय यह है कि वे हिन्दी फिल्मों के ऐसे गीतकार रहे हैं जिन्होंने हमेशा अपनी शर्तों पर काम किया है। अमूमन ऐसा समझा जाता है कि फिल्मी गीत लिखने वाले गीतकारों को समझौता करना पड़ता है। लेकिन साहिर लुधियानवी ने जो फिल्मी गीत लिखे उनमें भी उन्होंने स्त्री और मजदूरों को गरिमा प्रदान की। साधना फिल्म (1958) में साहिर लिखते हैं – “औरत ने जन्म दिया मर्दों को, मर्दों ने उसे बाज़ार दिया। जब जी चाहा मसला कुचला, जब जी चाहा दुत्कार दिया।”

अमूमन रोमांटिक फिल्मी गानों में एक पितृसत्तात्मक सोच के गाने होते हैंजिनमें फिल्मी नायक तमाम तरह के रूपकों और उपमाओं से नायिका के ज़ुल्फ़ों की तारीफ करता दिखाई सुनाई देता है। लेकिन फिल्म ‘नया दौर’ के एक गीत में साहिर इसे उलट देते हैं। और हिंदी फिल्म इंडस्ट्री में संभवतः यह एकमात्र गीत है जिसमें नायिका नायक के सौंदर्य की तारीफ कर रही है। गीत के बोल हैं-

“उड़ें जब-जब ज़ुल्फ़ें तेरी, कँवारियों का दिल मचले....”

क्या आप जानते हैं?

प्रगतिशील लेखक संघ क्या है ?

अखिल भारतीय प्रगतिशील लेखक संघ बीसवीं शती के प्रारंभ में भारतीय प्रगतिशील लेखकों का एक समूह था। यह लेखक समूह अपने लेखन से सामाजिक समानता का समर्थन करता था और कुरीतियों, अन्याय व पिछड़ेपन का विरोध करता था। इसकी स्थापना १९३६ में लंदन में हुई। इसके प्रणेता सज्जाद ज़हीर थे। उसी वर्ष वे भारत लौटे और यहाँ भी इसकी चर्चा शुरू हुई। भारत में इसका पहला जलसा लखनऊ में हुआ जिसकी अध्यक्षता प्रेमचंद ने।

19

सीताकान्त महापात्र

ओड़िया वैभव का उद्गाता

ओड़िया

ओड़िया कवि, आलोचक श्री सीताकान्त महापात्र की ख्याति ओड़िया भाषा के साहित्यकार से अधिक एक भारतीय साहित्यकार के रूप में है। भारतीय भाषाओं में ही नहीं बल्कि भारत से बाहर अन्य विदेशी भाषाओं में वह एक भारतीय साहित्यकार के रूप में पहचाने जाते हैं। हिन्दी कवि केदारनाथ सिंह उनके लिए कहते हैं, "सीताकांत महापात्र ओड़िया से ज्यादा हिन्दी के अपने कवि हो चले हैं। आधुनिक भारतीय कविता के संदर्भ में सीताकांत बांग्ला के आद्य आधुनिक कवि जीवनानंद दास से जुड़ते प्रतीत होंगे, जिनका काव्य रवीन्द्र के बाद बांग्ला में बिल्कुल नया मोड़ था।"

सीताकान्त का जन्म महानदी की सहायक नदी चित्रोत्पला के तट पर स्थित महंगा गाँव में 17 सितम्बर, 1937 को ओड़िशा के केन्द्रपाड़ा जिले में हुआ था। सीताकान्त की कविताओं में इस नदी के प्रति असीम अनुराग प्रकट हुआ है। उन्होंने कुछेक कविताएँ चित्रोत्पला नदी पर भी लिखी हैं। उनमें से चित्रोत्पला का एक दृश्य देखिए-

जानती हो तुम्हें अपने जेब में रखकर

सारी दुनिया का भ्रमण करता हूँ मैं।

देखा है मैंने तुम्हें बहते हुए ईउफ्रेटिस में

गंगा, डैन्यूब, सिन नदी में।

उन्हें छूते ही

तुम मिल जाती हो।

मैंने सपना देखा है

नौका से पार होते हुए

चप्पू चलाते

मगर किनारा दूर-दूर होता जाता

और रह जाती नाव मझधार में।

समय की धारा ने मुझे

बच्चे से बूढ़ा बना दिया

तुम्हें पता नहीं

अभी भी मेरे पॉकेट में

तुम प्रेम-चिट्ठी की तरह हो।

सीताकांत जी की कविताएँ ओड़िया संस्कृति और परम्परा में रची-बसी हैं। सीताकान्त जी को अपने परिवार में धार्मिक-पारंपरिक परिवेश मिला जिसका असर उनके व्यक्तित्व और साहित्य पर पड़ा। अपने बचपन, अपनी कविता और अपने परिवेश के बारे में सीताकान्त जी अपनी पुस्तक 'शब्द, संस्कृति और समय' में लिखते हैं, "वर्ष 1953 की बात है। मैं अपना गाँव, अपने माता-पिता, आत्मीय परिजन, मित्र, अपने गाँव की कल-कल निनाद करती चित्रोत्पला नदी और आक्षितिज फैले धान के अंतहीन खेत—सबको छोड़कर कटक में स्थित रावेनशॉ महाविद्यालय के छात्रावास में आ गया। मेरी पहली कविता उसी वर्ष लिखी गई जिसने बाद में मेरे पहले काव्य-संग्रह में सर्वप्रथम कविता का स्थान प्राप्त किया। कभी-कभी तो यह

विचार आता है कि चालीस वर्ष की यह लम्बी अवधि कैसे तो मानो पलक झपकते ही व्यतीत हो गई। पराजय, प्रीति, स्मृति, मैत्री और घनिष्ठता के चालीस वर्ष। व्यथा के कितने ही पल और आयु के सोपान चढ़ने की पीड़ा! स्वयं अपने भीतर-बाहर और सर्वत्र घट रही घटनाओं के प्रति जिज्ञासा और एहसास के कितने ही प्रयत्न! लेकिन सपने में सुनी वाणी की तरह स्मृति की वाणी भी बोलती है। और कथन में अपने समूचे अस्तित्व के साथ ये दोनों उपस्थित होते हैं और साथ ही होता है मेरा परिवर्तनशील आत्मभाव, मेरा निजी व्यक्ति। मुझे एक छोटे काष्ठ पर विराजमान अनेक देवताओं वाले घर के भीतरी कक्ष में उड़िया 'भागवत' का स्वयं उच्चार सुनाई देता है। मुझे सुनाई दे रहा है गाँव के एक छोर पर स्थित छोटे-से मंदिर में अच्युत, यशोवंत तथा भीमाभोई का भजन-स्वर। हैजे से ग्रस्त गाँव के गहन अधंकार में नीरवता की नितान्त भयानक आवाज तथा देवी मंगला का मनुहार करने वाला संकीर्तन। और तभी सुन रहा हूँ वर्षा, अगणित मृत्यु, स्मृतिजन्य अनुराग और जन्म, रूग्णता तथा मृत्यु को चित्रित करते हुए गुजरते मौसम के स्वर।"

कोरूआ हाईस्कूल से स्कूली शिक्षा प्राप्त करने के बाद उन्होंने उत्कल विश्वविद्यालय से संबद्ध रेनेशॉ कॉलेज, कटक से 1957 में बी.ए. इतिहास ऑनर्स की डिग्री प्राप्त की। इसके बाद राजनीति विज्ञान में एम.ए. करने के लिए वे इलाहाबाद आये और 1959 में उन्होंने राजनीति विज्ञान में एम.ए. की डिग्री प्राप्त की। इसी समय उन्होंने ओड़िया और अंग्रेजी दोनों भाषाओं में लिखना शुरू किया। हालाँकि कविता के लिए उन्होंने मुख्यतः अपनी मातृभाषा का ही प्रयोग किया। सीताकान्त जी ने नृविज्ञान में डॉक्टरेट की उपाधि प्राप्त की। दो वर्षों तक विश्वविद्यालय में अध्यापन करने पश्चात् सन् 1961 में वह भारतीय प्रशासनिक सेवा से जुड़े तथा राज्य सरकार और भारत में कई महत्वपूर्ण पदों पर रहे।

सीताकान्त जी के 21 कविता संकलन, साहित्य एवं संस्कृति से संबंधित 9 निबंध-संग्रह तथा 4 यात्रा-संस्मरण प्रकाशित हो चुके हैं। उन्हें अपने तीसरे कविता-संकलन 'शब्दर आकाश' के लिए ओड़िया भाषा के साहित्य अकादमी पुरस्कार से सम्मानित किया गया। उनका यह कविता-संकलन 1974 में प्रकाशित हुआ था।

सीताकान्त जी ने नृविज्ञानी के क्षेत्र में भी उल्लखनीय काम किया है। उन्होंने 20 वर्ष के अथक धैर्य से भारतीय जनजाति कविता के 10 संकलनों का अनुवाद एवं संपादन किया। इस बारे में वह कहते हैं कि "मयूरभंज जिले में कलेक्टर के तौर पर नियुक्ति के समय मैंने संथाली भाषा सीखी। भाषा सीखने की इस प्रक्रिया में संथाली से अलग हो, खड़िया, मुंडारी भाषा मुझे समझ आने लगी। एक बार भाषा सीख जाने के बाद उनके द्वारा गाये जाने वाले गीत मुझे और अधिक मीठे लगने लगे। उन सभी गीतों के अंतर्गत उनके जीवन के सभी अध्यायों और घटनाओं का वर्णन समाया हुआ था। जन्म-मृत्यु, कर्मचक्र, उत्सव, त्योहारों आदि प्रत्येक घटना के उपलक्ष्य में सभी गीतों का मुक्त-कंठ से वे लोग गान करते थे। उन सभी का मैंने जी भर कर उपयोग किया। फिर इन सभी गीतों को एकत्रित कर 'दे सिंग लाइफ' शीर्षक से 9 संकलनों में प्रकाशित करवाया। इन संग्रहों का अनुवाद तथा संकलन करने में मुझे 20 साल से ज्यादा का समय लगा। ये सारे संकलन यूनेस्को रिप्रेजेंटेटिव वर्क सीरीज द्वारा प्रकाशित हुए।"

उनके द्वारा किया गया यह संकलन और अनुवाद स्थायी महत्व का है। उन्होंने जनजाति समुदायों पर शोध करके उनसे जुड़ी महत्वपूर्ण बातों को उजागर करने के साथ ही इस तरह के प्रयासों की विफलता के कारणों की भी खोजबीन की। वे मानते हैं कि प्रत्येक गंभीर कवि भाषा की शुद्धता की खोज में रहता है, एक ऐसी भाषा जो दोहरे उद्देश्य को व्यक्त करने में सक्षम हो, जो स्वयं को अभिव्यक्त करने के साथ-साथ हमारा स्वयं से भी साक्षात्कार कराए। उसकी निष्कट्ट प्रार्थना यह होगी कि वह भाषा को उसके समस्त प्रारंभिक प्रश्नों और उत्तर की ओर ले जाये जैसे—

प्रत्येक बालक को उसका खिलौना मिले
समय को उसका पुरोधा
प्रत्येक वृद्ध व्यक्ति का स्वप्न पूरा हो
प्रत्येक व्यक्ति की प्यास बुझे
प्रत्येक भटके पक्षी को
मिले उसका गीत और आसमान।

सीताकान्त जी अपनी कविताओं में भारतीय मिथकों का रचनात्मक उपयोग करते हैं। अपनी कविता में उन्होंने मिथकों को अपनी अंतर्दृष्टि एवं कल्पनाओं के साथ घोल दिया है। इस संदर्भ में वे कहते हैं, "आधुनिक काल में कविता के प्रस्तुतीकरण के लिये पौराणिक घटनावलियों का प्रयोग अवश्य ही प्रासंगिक और तर्क-संगत है। इसी वजह से मैंने अपनी कविताओं में उनके पौराणिक चरित्रों को लिया है, जैसे कि यशोदा। कृष्ण, यशोदा के प्रसंग को मैंने किसी कहानी की तरह न लेकर एक अति शक्तिशाली प्रतीक के रूप में प्रयोग किया है। मिट्टी खाने के बाद बाल-कृष्ण के मुँह के अंदर सारे ब्रह्मांड का दर्शन करने का भाग्य यशोदा को छोड़कर किसी को प्राप्त नहीं हुआ। इसका मतलब यह तो नहीं कि हम यशोदा को पागल कहें? जिसके बाल गोपाल के मुँह के भीतर ग्रह, नक्षत्र, सूर्य, चन्द्र की उपस्थिति देखी गई थी। इस प्रश्न का उत्तर किसी के पास नहीं है। खुद यशोदा इस प्रश्न पर निरुत्तर हैं। मेरी कविताओं में इसी अलौकिकता का वर्णन हुआ है।"

सीताकांत जी को उनके साहित्यिक योगदान के लिए अनेक पुरस्कारों से सम्मानित किया गया जिनमें से कुछ प्रमुख हैं – उड़ीसा साहित्य अकादमी पुरस्कार(1971 और 1984), साहित्य अकादमी पुरस्कार(1974), भारतीय ज्ञानपीठ पुरस्कार(1993), सारळा पुरस्कार(1985), गंगाधर मेहेर राष्ट्रीय पुरस्कार, जोशुआ साहित्य सम्मान, कबीर सम्मान, साहित्य भारती सम्मान, सोवियत लैण्ड नेहरू पुरस्कार, सार्क साहित्य पुरस्कार(2015), टैगोर शांति पुरस्कार(2017) तथा कुमारन आसान कविता पुरस्कार। 2003 में उन्हें पद्मभूषण और 2010 में पद्मविभूषण पुरस्कार से सम्मानित किया गया।

सीताकान्त जी के कविता-संकलनों का अनुवाद अधिकांश भारतीय भाषाओं में हो चुका है। इन संकलनों का अनुवाद करने वाले अनुवादकों में से 5 अनुवादकों को साहित्य अकादमी पुरस्कार से सम्मानित किया गया है। ऐसी उपलब्धि प्राप्त करने वाले वे एकमात्र भारतीय कवि हैं। सीताकान्त जी के कविता-संकलनों का अनुवाद 14 गैर-भारतीय भाषाओं में प्रकाशित हो चुका है जिनमें प्रमुख यूरोपीय भाषाओं के अलावा अरबी, हिब्रू, चीनी तथा जापानी भाषाओं में हुए अनुवाद

शामिल हैं। सीताकांत महापात्र जी के लेखन से न सिर्फ़ ओड़िया भाषा बल्कि सम्पूर्ण भारतीय साहित्य समृद्ध हुआ है और दुनियाभर में उसकी ख्याति बढ़ती गयी है।

सूत्र : मनुष्य ख़ुद को किसी सन्दर्भ में ही पहचान सकता है। यह सन्दर्भ कभी इतिहास, परम्परा, संस्कृति, लोक आदि हो सकता है। लेकिन सबसे बड़ा सन्दर्भ प्रकृति का है। तथापि हर जगह की प्रकृति भी एक सी नहीं होती। हर बड़ा रचनाकार इस बात को पहचानता है और अपने प्राकृतिक संदर्भ की ख़ासियत की उद्भावना करता है।

20

सुनील गंगोपाध्याय

लिखना लगातार कालपुरुष को कोहनी मारना है

बांग्ला

सुनील गंगोपाध्याय बांग्ला साहित्य में स्वतंत्रता के बाद आने वाले लेखकों में बेहद लोकप्रिय रचनाकार हैं। उनका जन्म पूर्वी बंगाल के फरीदपुर में 7 सितम्बर, 1934 को कालीपाद गंगोपाध्याय और मीरा गंगोपाध्याय के घर हुआ था। यह स्थान अब बांग्लादेश में पड़ता है। चार साल की उम्र में ही वह फरीदपुर से कलकत्ता आ गये थे। उन्होंने सुरेन्द्रनाथ कॉलेज, दमदम मोतीझील कॉलेज, सिटी कॉलेज कलकत्ता से पढ़ाई की। ये सभी कॉलेज कलकत्ता विश्वविद्यालय से संबद्ध थे। सन् 1954 में उन्होंने कलकत्ता विश्वविद्यालय से बंगाली भाषा में एम.ए किया। 1953 में उन्होंने 'कृतिबास' नाम की पत्रिका का प्रकाशन और संपादन किया। वह इसके संस्थापक संपादक थे। 'कृतिबास' नये कवियों और नयेपन की अनूठी कविता पत्रिका साबित हुई।

इसके बाद सुनील ने आनंद बाजार समूह, कलकत्ता के प्रकाशन गृह से जुड़कर उसके लिए लिखना शुरू किया। वर्षों तक वह इसके लिए काम करते रहे। उन्होंने 200 से अधिक पुस्तकें लिखीं जिसमें उनके गद्य की विविध एवं अनूठी शैलियाँ देखने को मिलती हैं। हालाँकि वह अपने को मूलतः कवि ही मानते हैं। सुनील गंगोपाध्याय के पिता ने उन्हें टेनिसन की कविताओं की एक किताब दी और उनसे कहा कि वे रोज दो कविताओं का अनुवाद किया करें। उन्होंने ऐसा करने के लिए

इस वजह से कहा कि जिससे सुनील दोपहर के समय बाहर न जा सकें। उन्होंने ऐसा ही किया। दोपहर के समय वह कविताओं का अनुवाद किया करते थे। जब अनुवाद उबाऊ हो गया तो उन्होंने खुद लिखना शुरू कर दिया। इसी में उन्होंने अपनी बचपन की प्रेमिका को संबोधित एक कविता लिखी और इसे 'देश' में भेज दिया। उनकी यह कविता छप गयी और लोगों ने सराहना भी की। इसके बाद उन्होंने कविताएँ, उपन्यास, लघु कथाएँ इत्यादि लिखे। उनका लेखन लोकप्रिय और रचनात्मक है, इसलिए उनकी रचनाओं पर कई फिल्में और टीवी धारावाहिक बने। सुनील ने सनातन पाठक, नील लोहित, नील उपाध्याय के नाम से लेखन किया। विपुल मात्रा में साहित्य सृजन के बावजूद वे स्वयं को इससे अलग करके देखते थे। मृत्युबोध या संसार की नश्वरता की छाया उनकी कई कविताओं में प्रकट होती है।

उनकी 'निखिलेश और नीरा' श्रृंखला की कविताएँ बेहद लोकप्रिय रहीं। सुनील ने काल्पनिक चरित्र काकाबाबू का निर्माण किया। काकाबाबू नाम के इस चरित्र का जुनून रहस्यों को सुलझाने का है। उन्होंने काकाबाबू श्रृंखला में 36 उपन्यास लिखे जो भारतीय बाल साहित्य की अमूल्य निधियाँ हैं। उनके इस किरदार ने बहुत से बच्चों के बचपन को रहस्य और रोमांच की कहानियों से भर दिया और उनकी रचनात्मकता को विकसित किया और उनके बचपन को सुखद स्मृतियों से रँग दिया। सुनील ने ऐतिहासिक विषयों पर अपनी इतिहास दृष्टि और रचनात्मक दृष्टिकोण के आधार पर बेहतरीन कहानियाँ और उपन्यास लिखे हैं। उन्होंने बंगाल के बाउल गीतकार और संत लालन शाह फ़क़ीर के जीवन पर 'मानेर मानुष' नाम की अद्भुत किताब लिखी। बाद में इस किताब पर इसी नाम से गौतम घोष द्वारा 2010 में एक फिल्म बनाई गई। लालन शाह बंगाली संस्कृति में धार्मिक सहिष्णुता के सबसे बड़े प्रतीकों में से हैं। उनके गीतों ने रवीन्द्रनाथ टैगोर, काज़ी नज़रूल इस्लाम और ऐलन गिंसबर्ग समेत अनेक लेखकों, कवियों, समाजसुधारकों को प्रेरणा दी। वे भारतीय उपमहाद्वीप की सांस्कृतिक चेतना के प्रतीक और बाउल संगीत के संस्थापक थे।

बीट कवि एलेन गिन्सबर्ग जब भारत की यात्रा पर थे तब उनकी मुलाकात सुनील गंगोपाध्याय से हुई। वे दोनों लोग एक-दूसरे के मित्र बन गये। गिन्सबर्ग ने अपनी कविता 'सितम्बर' में जेसोर रोड पर अपने मित्र सुनील का ख़ासतौर से

उल्लेख किया। सुनील की कुछ गद्य रचनाओं में गिन्सबर्ग का जिक्र आता है। उनके उपन्यास 'आत्मप्रकाश' का नायक एक ठेठ कलकत्ता का रहने वाला युवक है। वह एक बोहेमियन की तरह अपना जीवन जीता है। उन्हें इस उपन्यास की प्रेरणा बीट जेनेरेशन के लेखक जैक कोरूक के उपन्यास 'ऑन द रोड' से मिली। उनके ऐतिहासिक उपन्यास 'सेई सोमॉय' (उन दिनों) को 1985 में साहित्य अकादमी पुरस्कार मिला। अपने प्रकाशन के दो दशक से अधिक समय बीत जाने के बाद भी यह सबसे अधिक बिकने और पढ़े जाने वाले उपन्यासों की श्रेणी में है। ऐसी ही लोकप्रियता उनके उपन्यासों 'प्रथम आलोक' और 'पूरब-पश्चिम' की भी रही। सफलता और लोकप्रियता की इतनी ऊँचाइयों को छूने के बावजूद भी उनकी कविता का स्वर कृत्रिम या बनावटी नहीं हुआ। उसमें निहित सच्चाई और सरलता मन पर गहरा प्रभाव छोड़ती हैं।

सुनील गंगोपाध्याय को सन् 1985 में 'सेई सोमॉय' के लिए साहित्य अकादमी पुरस्कार मिला। बंकिम पुरस्कार, अन्नदाशंकर पुरस्कार, हिन्दू लिटरेरी प्राइज, सेरा बंगाली लाइफटाइम अचीवमेंट अवॉर्ड इत्यादि पुरस्कार भी उन्हें प्राप्त हुए। सन् 2008 में वह साहित्य अकादमी के अध्यक्ष चुने गये। 23 अक्टूबर 2012 को उनका निधन हो गया। सुनील गंगोपाध्याय बांग्ला के महान बुद्धिजीवियों में से एक थे।

सूत्र : जैसे किसी समाज की परम्पराएँ होती हैं, उसी तरह साहित्यिक परम्पराएँ होती हैं। इसी परम्परा और सन्दर्भ में साहित्य को समझा जाता है। जिस रचनाकार में इसकी अनुगूँज जितनी गहरी होती है उसकी रचना उतनी ही प्रभावी होती है। लेकिन जिसमें इससे भी आगे निकलने की शिद्दत होती हैं, उसमें प्रभावशीलता के साथ सार्थकता भी होती है।

जन्मतिथि - स्मृति दिवस

1. **अमृता प्रीतम**
   (13 अगस्त 1919 - 31 अक्टूबर 2005)

2. **इंदिरा गोस्वामी**
   (14 नवम्बर 1942 - 29 नवम्बर 2011)

3. **इस्मत चुग़ताई**
   (21 अगस्त 1915 - 24 अक्टूबर 1991)

4. **उमाशंकर जोशी**
   (21 जुलाई 1911 - 19 दिसम्बर 1988)

5. **के. सच्चिदानंदन**
   (28 मई 1946 -)

6. **गजानन माधव मुक्तिबोध**
   (13 नवम्बर 1917 - 11 सितम्बर 1964)

7. **गिरीश कर्नाड**
   (10 मई 1938 - 10 जून 2019)

8. **जी. शंकर कुरुप**
   (5 जून 1901 - 2 फरवरी 1978)

9. **पद्मा सचदेव**
   (17 अप्रैल 1940 - 4 अगस्त 2021)

10. **पु. ल. देशपांडे**

(9 नवम्बर 1919 - 31 जून 2000)

11. **महाश्वेता देवी**
(14 जनवरी 1926 - 28 जुलाई 2016)

12. **यू आर अनंतमूर्ति**
(21 दिसम्बर 1932 - 22 अगस्त 2014)

13. **रहमान राही**
(6 मई 1925 - 9 जनवरी 2023)

14. **विंदा करंदीकर**
(23 अगस्त 1918 - 14 मार्च 2010)

15. **डॉ. सी नारायण रेड्डी**
(29 जुलाई 1931 - 12 जून 2017)

16. **शिव कुमार बटालवी**
(23 जुलाई 1936 - 6 मई 1973)

17. **सआदत हसन मंटो**
(11 मई 1912 - 18 जनवरी 1955)

18. **साहिर लुधियानवी**
(8 मार्च 1921 - 25 अक्टूबर 1980)

19. **सीताकान्त महापात्र**
(17 सितम्बर 1937 -)

20. **सुनील गंगोपाध्याय**
(7 सितम्बर 1934 - 23 अक्टूबर 2012)